NÃO É PARA A
FELICIDADE

UM GUIA PARA AS CHAMADAS
PRÁTICAS PRELIMINARES

NÃO É PARA A FELICIDADE

UM GUIA PARA AS CHAMADAS
PRÁTICAS PRELIMINARES

plagiado por
Dzongsar Jamyang Khyentse

tradução
Patricia Zebrauskas

2ª edição

©2012 by Dzongsar Jamyang Khyentse
Copyright desta edição: ©2021 Editora Lúcida Letra
Em acordo com Shambhala Publications, Inc.
Todos os direitos reservados.
A capa desta edição é inspirada na arte original de Vladimir Vimr.
Impresso no Brasil.

COORDENAÇÃO EDITORIAL:
Vítor Barreto

TRADUÇÃO:
Patricia Zebrauskas

TRADUÇÃO DO PREFÁCIO:
Manoel Vidal

REVISÃO:
Flávia Pellanda, Ana Cristina Lopes, Bruna Polachini, Gabriela dos Reis Sampaio

CAPA:
Mariana Aurélio / Horta

FOTO:
Calé Merege

DIAGRAMAÇÃO:
Aline Paiva

Dados Internacionais de Catalogação na Publicação (CIP)

K45n   Khyentse, Jamyang, 1961-.
Não é para a felicidade : um guia para as chamadas práticas preliminares / plagiado por Dzongsar Jamyang Khyentse. — Teresópolis, RJ : Lúcida Letra, 2017.
224 p. ; 23 cm.

Inclui apêndice.
Tradução de: Not for happiness: a guide to the so-called preliminary practices.
ISBN 978-65-86133-18-9

1. Vida espiritual — Budismo. 2. Budismo tibetano. 3. Budismo — Práticas. I. Título.
CDU 294.3
CDD 294.3444

Índice para catálogo sistemático:
1. Vida espiritual : Budismo   294.3

(Bibliotecária responsável: Sabrina Leal Araujo — CRB 10/1507)

Homenagem a Tashi Paljor!
Seja veloz!
Jogue sua imensa rede de compaixão infinita.
Proteja em seu terno abraço todos os seres sofredores
Cuja busca incessante por felicidade
Nada mais traz do que dor e tristeza.

Fiquei muito contente quando soube que os brasileiros estão cada vez mais interessados nos ensinamentos do Buda e, mais do que isso, estão começando a explorar o vasto caminho Vajrayana através do estudo e comprometimento com as práticas de Ngondro.

Desse modo, caso esta publicação possa proporcionar alguma orientação a esses alunos, dou boas-vindas à segunda edição revisada de *Não é para a felicidade*. Em particular, sou grato a nosso querido amigo Manoel Vidal por sua contribuição a esta edição antes de seu falecimento.

Dzongsar Jamyang Khyentse
Katmandu, Abril de 2021

Sumário

Prefácio	11
Introdução	19
Parte 1. POR QUE FAZER A PRÁTICA DE NGONDRO?	29
1. Para que serve o Darma?	31
2. O caminho causal e o caminho resultante	49
3. Introdução à prática do ngondro	57
4. Seu aquecimento espiritual	66
5. Use sua imaginação	85
6. Por que precisamos de um guru?	94
Parte 2. O NGONDRO	105
7. Tomar refúgio	107
8. Despertar a boditchita	121
9. A prática de purificação: meditar sobre o guru como Vajrasatva	146
10. Oferenda de mandala	159
11. Prática de kussali	178
12. Guru ioga	182
13. Abhisheka e as quatro iniciações na guru ioga	195
14. Conselhos práticos	205
Agradecimentos	217
Notas	221

Prefácio

Antes de começar qualquer projeto, como, por exemplo, aprender uma nova língua, sem dúvida é bom saber muito bem *por que* você está desenvolvendo esse projeto e ter certeza de que vale a pena levá-lo até o fim. Depois que essa base tenha sido estabelecida, nada mais natural do que perguntar: "O que devo fazer primeiro?" Essa é uma boa pergunta, e é fácil de responder quando se trata, por exemplo, de aprender uma nova língua. O principiante, é claro, começa aprendendo o alfabeto. Mas, quando se trata de um projeto mais ambicioso e abrangente, como a completa realização de um caminho espiritual, as coisas podem ficar um pouco mais complicadas. Embora a pergunta seja a mesma, a linha de investigação é muito mais perigosa para o aspirante budista do que jamais será para o estudante de línguas. Por quê? Porque no mundo budista tanto a pergunta quanto a resposta se institucionalizaram.

Em tese, como a jornada espiritual de cada pessoa é necessariamente única, "O que vem primeiro?" pode suscitar uma série de respostas. Infelizmente, apenas um buda com realização plena ou um bodisatva que já alcançou um estágio avançado podem oferecer instruções explícitas, sob medida, sobre o que cada indivíduo deve fazer primeiro, e a probabilidade de esbarrarmos em um desses seres sublimes em nosso cotidiano é extremamente pequena. Então, como devemos agir? O que devemos fazer, e quando? Há algo que possa ser ignorado?

Sem os conselhos pessoais do Buda, nossa única opção é confiar nas generalizações preexistentes fornecidas pelo Darma, elas próprias o resultado de séculos de conjecturas. Em certo sentido, essa não é uma notícia muito encorajadora, mas também não é preciso se desesperar. Essas conjecturas podem ter centenas de anos, mas foram originalmente desenvolvidas por alguns dos maiores eruditos e praticantes que já caminharam sobre a Terra. Assim, não se preocupe, pois se a resposta para a questão "O que eu preciso fazer se quiser seguir o caminho do Darma?" for "a meditação shamata ou as quatro fundações", você não estará muito errado.

Um dos problemas com que nos deparamos hoje é que a prática do ngondro é, cada vez mais, percebida como uma espécie de costume. Isso não é de agora. Costumes e tradições sempre se desenvolveram em torno dos métodos espirituais. De fato, é difícil conceber como isso poderia ser evitado ou mesmo se deveria sê-lo. Em locais como Mianmar, Japão e Tailândia, a cor local que ainda adorna a sabedoria do Buda colaborou para que os ensinamentos se enraizassem e florescessem com sucesso. Hoje, porém, no instante em que um aspirante ao caminho vajrayana se aventura a ouvir ensinamentos, já lhe dizem que, antes de qualquer coisa, ele precisa terminar o ngondro. Contudo, a intenção por trás de todos os ensinamentos do Buda é transcender os costumes e a cultura criados pelo homem, que mudam de acordo com os tempos, a geografia de cada país e as atitudes mais comuns de cada época. Se o vinaya tivesse sido ensinado em algum lugar poeirento e ventoso, sem dúvida o Buda teria sugerido aos monges que protegessem o rosto com o que hoje chamamos de "burca". Se mais tarde essa tradição fosse transplantada para uma floresta tropical úmida e abafada, é pouco provável que os monges do lugar a considerassem inspiradora.

À medida que aprofundar seus estudos, você perceberá que o ngondro é o elemento mais característico do vajrayana, mas, lamentavelmente, hoje em dia a moda é livrar-se dele o mais rápido possível. Os alunos que chegam ao vajrayana estão aprendendo a ver o ngondro como um obstáculo que precisam superar antes que lhes seja permitido receber ensinamentos mais elevados. Isso é um erro colossal! E é um erro potencialmente perigoso, porque é praticamente impossível de refutar. Apesar disso, muitos sustentam esse ponto de vista e as consequências estão começando a sair de controle. Por exemplo, em círculos budistas onde prevalece uma espécie de atitude espiritual "politicamente correta", até a mais leve sugestão de que nem todas as pessoas precisem acumular 100 mil prostrações é extremamente mal recebida. Quanto mais pessoas pensarem assim, maior o risco de que essa prática preciosa fique relegada à condição de um ritual sem sentido.

É claro que seguir um caminho passo a passo pode ser benéfico e recompensador, mas o problema é que hoje em dia os alunos do Darma tendem a seguir as práticas prescritas muito ao pé da letra. As necessidades de cada aluno são diferentes, e uma das habilidades que o professor deve ter é saber discernir o método mais adequado para a capacidade de cada indivíduo.

Imagine, por exemplo, que você tenha recebido a tarefa de ensinar sua vizinha a andar de bicicleta. A primeira coisa que você descobre é que ela tem dificuldade de se concentrar de manhã cedo, exatamente quando ela precisa ir de bicicleta para o trabalho. Como professor, você sugere que ela beba uma xícara de café, para estar bem desperta antes de sair de casa. Funciona feito mágica e, em poucos dias, sua aluna consegue ir para o trabalho de bicicleta com segurança. Logo depois, o primo de sua vizinha pede a ela que o ensine pedalar; como a xícara de café que você sugeriu fez tanta diferença quando ela própria aprendeu a andar de bicicleta, ela passa a lição adiante, sem refletir se o primo realmente precisa daquilo ou não. Ele então passa a mesma informação para o irmão dele, que passa para a filha, que passa para outros, até que, quinhentos anos depois, surge uma seita muito unida de ciclistas que só andam de bicicleta depois de tomar café, e aqueles que não tomam café não podem andar de bicicleta.

Qual é a utilidade da parafernália cultural?

Os caminhos espirituais nascidos na Ásia, como o budismo e o hinduísmo, estão envoltos em todo tipo de parafernália cultural e empregam rituais adaptados às necessidades de cada grupo étnico que os tenha adotado. Os asiáticos adoram a pompa e cerimônia do Budadarma (sua teatralidade continua a beneficiar praticantes até hoje); mas, agora que a filosofia budista está sendo ensinada além das fronteiras asiáticas, nos deparamos com uma série de desafios. Embora muitos rituais budistas antigos funcionem muito bem para os asiáticos, eles não são tão fáceis de digerir para um europeu, americano ou australiano. Até mesmo jovens nascidos em sociedades budistas tradicionais no Nepal, Butão e Tibete têm dificuldade em ver o sentido de certos aspectos mais ritualísticos do Darma.

Todavia, só por que algumas tradições orientais milenares parecem um pouco antiquadas em meio às mudanças do mundo moderno, não devemos nos precipitar e concluir que elas se tornaram obsoletas. E embora alguns aspectos não mais se revelem úteis, boa parte da "religiosidade" do Budadarma ainda tem muito valor. Dado que a cultura não é independente nem permanente, ainda é possível ensinar e manipular o lado cerimonial das coisas, o que vale dizer que os elementos das culturas ancestrais que sejam essenciais para a prática budista devem, sem dúvida, continuar a ser transmitidos para as pessoas de hoje.

O mudra anjali — juntar as palmas como sinal de respeito e saudação — é um gesto belo e amplamente reconhecido e, no contexto das prostrações, uma forma difundida de prática. Imagine que a prática fosse atualizada e, em vez disso, pedissem que você desse 100 mil apertos de mão. Esse gesto dificilmente teria o mesmo efeito, embora, em tese, não exista nenhuma razão lógica para isso. Hábitos fortes e duradouros quase sempre superam a lógica e muitas vezes as formas antigas são realmente as melhores; isso atesta a visão e o discernimento extraordinários dos mestres do passado, que desenvolveram inúmeras práticas de aplicação universal, como, por exemplo, sentar com a coluna ereta durante a prática de meditação, o que continua a ser adequado para todos os seres humanos, não importa de onde venham.

Sem dúvida, os costumes e tradições ligados às acumulações do ngondro ainda são relevantes para os praticantes de hoje. As pessoas como eu, por exemplo, encontram incentivo e inspiração numa estrutura preestabelecida que venha acompanhada de uma meta mensurável — a famosa cenoura pendurada na frente do burro. Entretanto, vivemos em tempos de degenerescência e não é fácil identificar quais dos muitos meios hábeis disponíveis ainda funcionam para as pessoas do mundo moderno. A lógica sugere que, uma vez que os dias de hoje são tão difíceis, cada elemento do ngondro deveria ser repetido não só as costumeiras 100 mil vezes, mas 300 mil ou mais. Por outro lado, há muitos que defendem a redução das repetições para 10 mil, para encorajar aqueles que se sentem desanimados diante de números enormes.

Lama Shang Rinpoche disse que se você quer praticar o mahamudra não deve colocar demasiada importância em primeiro acumular as práticas do ngondro; o ngondro e a assim chamada "prática principal" precisam ser praticados o tempo todo. O ponto crucial aqui é que o propósito do ngondro não é apenas a acumulação de números, mas deixar a prática penetrar nossa mente, contrariar nosso orgulho e tirar uma lasca de nosso ego.

O ngondro do Longchen Nyingtik

Muitas das assim chamadas práticas preliminares do Budadarma incluem ensinamentos únicos e profundos, expressos com uma terminologia muito específica. Tomemos, por exemplo, o ngondro do Longchen Nyingtik, que é bem conhecido como uma prática "preliminar"; entretanto, ele contém elementos da mais profunda linguagem do Budadarma. Palavras como *prana*, *bindu* e *nadi* aparecem bem no início do texto e são repetidas muitas vezes até o final. A tradição mahasandhi ou dzogchen, a grande inspiração por trás do ngondro do Longchen Nyingtik, inclui alguns dos ensinamentos de sabedoria mais antigos e diretos do budismo tibetano. Na prática de guru ioga, por exemplo, a seção sobre iniciação inclui referências aos quatro estágios dos vidyadharas e, para muitos, a mera leitura dos nomes dos vidyadharas é algo bastante encorajador.

Por mais surpreendentes que esses conceitos possam parecer para quem está começando, eles não são guardados para o fim do caminho. São apresentados bem no início, no nível do ngondro, para ajudar o aluno a se familiarizar tanto com os termos quanto com as ideias radicais que estão por trás deles. É provável que praticantes devotados e diligentes repitam essas palavras diariamente por 10 ou 20 anos antes de descobrir, aos poucos e com grande alegria, o sentido profundo que elas representam. A palavra *boditchita*, por exemplo, é conhecida pela maioria dos praticantes do Darma. Quase todos temos razoável certeza de que ela tem relação com os pensamentos de bondade e humanidade que tentamos gerar na mente;

na realidade, porém, o verdadeiro sentido de boditchita só virá à tona depois de muitos e muitos anos de prática.

Sobre este livro

Este livro não foi escrito para aqueles que são completamente novos no budismo. É voltado a quem tenha pelo menos alguma ideia sobre o Budadarma, deseje compreender a linguagem do Darma — mesmo que isso leve muito tempo —, ou tenha grande desejo de praticar. Minha aspiração é que *Não é para a felicidade* venha a ser útil a *todos* aqueles que desejam praticar o caminho vajrayana segundo a tradição do budismo tibetano. Como se verá adiante, embora estas páginas estejam repletas de generalizações, tomei o ngondro do Longchen Nyingtik como principal ponto de referência e me baseei, sobretudo, no jargão e nos esclarecimentos desenvolvidos pela escola Nyingma.

Preciso admitir, porém, que uma parte de mim segue preocupada com a possibilidade de que, com isso, eu tenha prestado um desserviço a todas as outras linhagens profundas do vajrayana, cada uma delas com seu vocabulário próprio, rico em palavras e expressões cunhadas com precisão. Por que, então, não incorporei a linguagem dessas outras linhagens, uma vez que somos sempre encorajados a cultivar uma atitude não sectária e a ver todas as tradições de forma pura? Pinçar aqui e ali termos usados por diferentes linhagens e misturá-los em uma espécie de salada linguística é exatamente o oposto do não sectarismo — e não ajuda nem um pouco. O termo "mente comum", por exemplo, significa uma coisa para um praticante de mahamudra e outra coisa para um praticante de mahasandhi; da mesma forma, a expressão "não se deixe distrair" da tradição shravaka tem um sentido bem diferente quando aparece num contexto vajrayana. É por isso que procurei me ater às explicações dessas práticas oferecidas pela tradição Nyingma; pela mesma razão, peço encarecidamente a todos que não descartem de pronto alguma terminologia que possam encontrar no futuro e que não tenha aparecido nestas páginas.

Embora eu faça referência mais frequentemente ao comentário de Jamyang Khyentse Wangpo ao ngondro do Longchen Nyingtik e ao ngondro Chagchen da tradição Kagyupa, há disponível uma farta e excelente literatura de apoio para a tradição de ngondro que porventura você esteja seguindo, seja ela qual for. Os praticantes do ngondro do Longchen Nyingtik podem recorrer a um dos mais extraordinários comentários do ngondro jamais compostos, o famoso *As palavras de meu professor perfeito*, que consiste em uma série de instruções essenciais extraídas de experiências concretas; praticantes do ngondro mahamudra podem se valer de *O Precioso ornamento da liberação*, de Gampopa, bem como de muitos outros textos; praticantes do *lam dre* ("caminho e fruto") podem consultar os diversos ensinamentos sobre as Três Percepções das tradições Sakya; também não podemos esquecer os profundos e excelentes ensinamentos do *lam rim* ("o caminho gradual"), de Tsongkhapa.

Outros textos dignos de leitura incluem o *Sutra Lankavatara*; *O caminho do bodisatva*, de Shantideva; o *Estágios da meditação da madhyamika*, de Kamalashila; e *A Lamparina do caminho para a iluminação*, de Atisha Dipamkara.

Vocês poderão notar que parafraseei a maioria das citações incluídas neste texto. É uma escolha que fiz por pura preguiça e com relação à qual tenho tido uma pontada ocasional de culpa. No fim das contas, porém, as informações que passamos aos outros só podem tomar por base nossa própria interpretação daquilo que aprendemos. Para mim, portanto, faz sentido parafrasear os grandes mestres em vez de me debater por meses na tentativa traduzi-los com precisão, uma vez que, por melhor que fique a tradução, estará correta apenas de meu ponto de vista.

Só ~~Deus~~ o carma sabe por quê, mas o mundo moderno é completamente obcecado com questões de gênero. Então, devo advertir que é possível que você considere meu emprego de pronomes masculinos e femininos ofensivo às suas ideias do que é "correto", politicamente ou em outro setor. No entanto, não tomei nenhuma decisão consciente sobre a propriedade do uso de "ele" ou "ela" em cada exemplo.

Com relação ao grau de detalhamento das várias visualizações aqui descritas, em alguns casos ele pode parecer excessivo, enquanto em outros pode parecer por demais superficial. Portanto, em vez de confiar apenas nas informações encontradas neste livro, recomendo que você recorra aos comentários originais dos mestres de sua tradição específica.

Se você quiser saber mais sobre os mestres ou ensinamentos mencionados neste livro ou sobre a terminologia aqui empregada, sugiro que consulte as excelentes fontes agora disponíveis na internet e em glossários e bibliografias produzidos, por exemplo, pelo Padmakara Translation Group, Buddhist Digital Resource Centre, Rigpa Translations e Rigpa Wiki, Nalanda Translation Committee e Ranjung Yeshe Publications, para citar apenas alguns.

Maitreya disse que ouvir o Darma é abrir a porta para a liberação, e muitos alunos imaginam que o estudo sobre a forma de ouvir e contemplar o Darma seja suficiente como prática do Darma. É verdade que, para aqueles que se encontram na soleira da prática espiritual, ouvir e ler o Darma é extremamente recompensador — e é uma atividade que também não deve ser abandonada de todo por praticantes mais maduros — mas as palavras são abstrações que dependem por inteiro de pressupostos formados ao longo de séculos, tornando obscura e vaga a linguagem que somos obrigados a usar. No fim, apenas ouvir e pensar sobre o Darma não é suficiente; precisamos também praticá-lo. Então, ouvir, contemplar *e* meditar sobre o Darma são aspectos vitais do caminho espiritual, sendo a meditação sua essência.

Dzongsar Jamyang Khyentse Rinpoche
Bir, Índia, Outubro de 2011

Introdução
AJUSTE SUA MENTE

A essência do Darma está nas atividades cotidianas

Hoje em dia, muitos praticantes do Darma, inclusive eu, continuam com a mente tão dura quanto um bloco de madeira, embora já tenham ouvido ensinamentos do Darma por muitos anos. Quando a vida parece ir bem, nos sentimos felizes, mas, se algum plano dá errado, nos sentimos feridos e quase sempre liberamos uma avalanche de emoções desenfreadas, um sinal alarmante de que os ensinamentos entraram por um ouvido e saíram pelo outro. Nós nos pegamos pensando: "Será realmente possível cortar todos os meus hábitos pela raiz? Ou pelo menos corrigi-los um pouco? É plausível imaginar que conseguirei chegar a um ponto em que cada movimento que eu fizer será uma prática do Darma?" Somos como alguém que está aprendendo a dirigir e, ao ver o instrutor mudar de marcha, olhar o retrovisor e frear em rápida sucessão, pensa "Será que um dia vou aprender a dirigir?".

No sutra mahayana solicitado por Matisagara, uma pergunta interessante foi feita ao Buda: se a "verdade" e a "iluminação" são ideias inexprimíveis, como nós, seres comuns, deludidos, podemos sequer ter a aspiração de ser aprendizes no caminho para a iluminação? Demonstrando respeito por aqueles que ensinam esse caminho inexprimível, respondeu o Buda: "Levante-se quando eles se levantarem; renda-lhes homenagem e honre-os com palavras amáveis e respeitosas; ofereça-lhes proteção; siga seu exemplo; dê-lhes roupa, comida, acomodação, remédios e outros bens materiais; ou, simplesmente, admire suas atividades, regozije-se com suas virtudes e ignore suas faltas." É assim que "a prática do inexprimível é mantida", o que indica que a essência da prática do Darma não está no número de mantras que recitamos, nem no tempo que passamos em meditação, mas sim nas atividades simples do dia a dia.

Considere, por exemplo, como nos relacionamos com nossos desafetos. Embora poucos atraiam inimigos verdadeiramente cruéis, sempre temos de lidar com pessoas que nos irritam. Para um principiante, evitar confrontos com tranquilidade já pode ser considerado uma prática. Mas, se algum dia você não conseguir se livrar da pessoa mais irritante do planeta, faça como o Senhor Atisha. Quando viajou ao Tibete, Atisha manteve a seu lado o tempo inteiro a pessoa mais exasperante que conhecia, para ter muitas oportunidades de praticar a paciência. Talvez você não consiga chegar a tanto, mas, diante de uma companhia inevitável e exasperante, o mínimo que deve fazer é aproveitar a oportunidade de usar a irritação como objeto de prática.

O que o Buda queria mostrar, no entanto, é que nosso estado mental é inevitavelmente refletido em nossas reações diárias. Por exemplo, com que rapidez seu humor muda quando seus planos são frustrados? Numa hora você está ótimo; então, sopra um vento do norte, que traz um monte de memórias de crises emocionais do passado, e você começa a reviver cada detalhe doloroso várias vezes, até chegar ao ponto em que não consegue guardar consigo a infelicidade e então acaba telefonando para um amigo. Ele ouve com atenção, enquanto você exibe sua dor sem pensar no efeito que possa estar causando, e logo o amigo fica tão deprimido e perturbado quanto você. Para quê? Como aspirante a bodisatva, quando sentir a necessidade de se entregar ao sofrimento, faça-o sozinho. Não arraste mais ninguém para seus espetáculos emocionais, especialmente se você é um praticante de tonglen, alguém com o compromisso de tomar para si o sofrimento de todos os seres e, não, o de compartilhar o próprio sofrimento com os outros.

Afinal, está mais do que na hora de o Darma penetrar, de fato, na mente dos praticantes do Darma, especialmente daqueles que, como eu, são alunos há um bom tempo. Mesmo que você só consiga que o Darma penetre uma vez a cada cem tentativas, já é um feito digno de uma medalha.

A prática espiritual está em constante mudança

Seja qual for sua prática, quer seja a meditação diária de shamata ou retiros longos, ela estará sempre em constante mudança. Cada dia trará uma experiência diferente. Você pode observar, por exemplo, que sua mente está bastante clara pela manhã, mas que à tarde você cochila várias vezes, um tormento que aflige todos os seres humanos como resultado de estarem presos às três cascas — ao corpo, à fala e à mente — e, portanto, à mercê dos agregados e dos elementos. Ou você pode experimentar grandes oscilações de humor, como um ioiô, indo de um extremo emocional ao outro, feliz e estável na terça-feira à noite e tão mal-humorado na quarta pela manhã que até o sussurrar das folhas ao vento o deprime. Acontece com todos nós, de vez em quando. O que é inspirador hoje amanhã nos abaterá; o que nos deixa tristes e desejosos de abandonar o mundo num dia no dia seguinte nos deixará loucos para mergulhar fundo na existência samsárica. Os culpados por essas oscilações de humor são os agregados (forma, sensação, percepção, formação e consciência) que, sendo completamente dependentes dos elementos (terra, água, fogo, ar etc.), nos levam a tudo, menos a uma prática consistente.

Devido a essa falta de consistência, todos os praticantes — e os principiantes em especial —, devem fazer o possível para se encorajar a praticar. Da mesma forma que se dá mais de um brinquedo para os bebês, é bom que os praticantes não se limitem a um único método. Se num dia você achar que os ensinamentos do shravakayana talvez ajudem a esclarecer os benefícios da renúncia, não tenha dúvidas em aplicá-los. Se amanhã for mais inspirador contemplar a natureza ilusória dos fenômenos, porque isso o ajuda a reconhecer que não tem quase nada a renunciar, não hesite em aplicar essa visão. Seja hábil e pratique qualquer método que lhe sirva neste exato momento. Não se imponha limites, pois, no início, é muito importante desenvolver um gosto pela prática. Quando encontrar uma ou duas práticas que sejam mais eficazes, concentre-se nelas. É um pouco como ir morar em outra cidade. No início, você anda por várias ruas, experimentando caminhos diferentes de casa para o trabalho, até que, finalmente, encontra o melhor trajeto e segue sempre pelo mesmo.

Também haverá momentos em que nenhuma das lógicas costumeiras vai funcionar, e você se sentirá incapaz de aceitar até mesmo a verdade óbvia e ululante de que a morte é inevitável e iminente e nem um único ser vivo — amigo, parente ou você mesmo — pode escapar dela. Quando esse tipo de delusão persistente tomar conta de sua mente, reze ao guru, aos budas e aos bodisatvas e implore que eles o ajudem a aceitar a inexorabilidade da morte. Não caia na cilada de achar que deve primeiro aprender a desprezar o samsara e desenvolver uma "mente de renúncia" firme *antes* de recorrer a esse tipo de prece. Como o grande Jamgön Kongtrul Lodrö Taye disse, você deve *contar com seu guru para tudo*, inclusive para ter a bênção de não mais desejar o samsara. Na verdade, você deve rezar ao guru e pedir que ele garanta que você reze!

Um erro comum entre os praticantes é achar que, para se fazer qualquer prática séria, é necessário primeiro se mudar para Kathmandu ou para uma caverna, e que, em decorrência disso, a prática será automaticamente consumada. Isso simplesmente não é verdade. Basta olhar para os alunos do Darma que estão vivendo na Índia e no Nepal para constatar que a geografia não garante o progresso espiritual de ninguém. Alguns desses "vagabundos" do Darma moram em Kathmandu há 30 anos ou mais, mas nada mudou em seu modo de ser. A mente deles continua tão inflexível quanto era quando chegaram — às vezes, até mais! Continuam a carregar exatamente o mesmo lixo que as pessoas mundanas carregam, mas se camuflam sob a aparência de praticantes do Darma. Embora não seja difícil perceber o que está por trás do disfarce, quando você o faz, eles mal conseguem suportar a humilhação. Portanto, fique tranquilo: não é preciso sair de casa para ter uma prática eficaz.

Instruções do Darma

As práticas budistas são técnicas usadas para lidar com nosso autoapreço habitual. Cada prática se destina a atacar hábitos específicos, até que a compulsão do apego ao "eu" seja erradicada por completo. Assim, mesmo que pareça budista, se uma prática reforçar o apego ao eu ela será, na verdade, muito mais perigosa do que qualquer prática claramente não budista.

Hoje em dia, o objetivo de um grande número de ensinamentos é fazer com que as pessoas "se sintam bem" e até mesmo alguns mestres budistas estão começando a soar como apóstolos da Nova Era. Eles têm um discurso inteiramente voltado para validar a manifestação do ego e a endossar a "legitimidade" de nossos sentimentos, o que não tem nada a ver com os ensinamentos encontrados nas instruções essenciais. Portanto, se sua única preocupação é se sentir bem, é muito melhor fazer uma massagem corporal completa e ouvir músicas inspiradoras ou de afirmação da vida do que receber ensinamentos do Darma cuja proposta, definitivamente, não é a de levantar seu ânimo. Ao contrário, o Darma foi planejado especificamente para expor suas falhas e fazer com que você se sinta péssimo.

Tente ler *As palavras de meu professor perfeito*. Se você achar o livro deprimente, se as verdades desconcertantes de Patrul Rinpoche sacudirem sua autoconfiança mundana, alegre-se! É um sinal de que, finalmente, você está começando a entender alguma coisa sobre o Darma. Aliás, nem sempre é ruim ficar deprimido. É altamente compreensível que alguém se sinta deprimido e arrasado quando seu defeito mais humilhante é exposto. Quem não se sentiria um tanto quanto nu em tal situação? Mas não é preferível estar dolorosamente consciente de uma fraqueza do que completamente cego em relação a ela? O que podemos fazer em relação a um defeito de caráter que permanece oculto? Assim, embora as instruções essenciais possam deixá-lo deprimido por algum tempo, elas também ajudam a arrancar seus defeitos pela raiz, expondo-os a céu aberto. Esse é o significado da frase "o Darma penetrar em sua mente", ou, nas palavras de Kongtrul Rinpoche, "a prática do Darma dar frutos" e, não, as assim chamadas boas experiências que muitos de nós esperam ter, tais como sonhos bons, sensações de bem-aventurança, êxtase, clarividência ou desenvolvimento da intuição.

Para Kongtrul Rinpoche, um sinal de que a prática do Darma está dando frutos é quando um praticante deixa de dar muita importância a coisas que antes eram a causa de reclamações incessantes. Por exemplo, antes de se tornar um praticante genuíno, receber um elogio sobre seu cabelo o embriagaria de prazer, enquanto a mera sugestão de que ele era qualquer coisa menos do que perfeito o faria imediatamente cair em uma depressão profunda. Não reagir a nenhuma dessas duas situações é um sinal de que sua prática está dando frutos e de que você está se tornando um genuíno praticante do Darma, o que é muito melhor do que receber milhões de elogios, ter sonhos encorajadores ou sensações de bem-aventurança.

É difícil dizer se um determinado sonho é um bom ou mau sinal. Patrul Rinpoche disse que um sonho que parece bom pode muito bem ser a manifestação de um obstáculo ou de um mara, pois, se você pensar que é um sinal de que atingiu o objetivo, talvez pare de praticar ou mostre-se cheio de si e arrogante quanto às suas habilidades. Assim, disse ele, mesmo que você sonhe que jantou com o Buda, trate o sonho como um cuspe, não pense duas vezes sobre aquilo e, definitivamente, não escreva nem fale sobre o assunto. Acima de tudo, tenha cautela, da mesma forma que você deve ser cauteloso e cuidadoso em relação a qualquer sentimento que possa sugerir que você tem um pouco mais de compaixão do que o normal, ou um pouco mais de devoção, ou um pouco mais de qualquer coisa que o leve a relaxar a disciplina do estudo e da prática.

O "coração de tristeza"

Kongtrul Rinpoche sugeriu que rezemos ao guru, aos budas e aos bodisatvas a fim de pedir que concedam suas bênçãos "para que eu possa dar à luz o coração de tristeza". Mas o que é um "coração de tristeza"? Imagine que você está sonhando. Embora seja um sonho bom, no fundo, você sabe que mais cedo ou mais tarde vai ter de acordar e que o sonho vai acabar. Na vida também, em algum momento, seja qual for a situação de nossos relacionamentos, saúde, trabalho e de todos os outros aspectos da vida, tudo, absolutamente tudo, vai mudar. E aquele sininho tocando em sua cabeça para lembrá-lo que isso é inevitável é o assim chamado de "coração de tristeza". Você se dá conta de que a vida é uma corrida contra o tempo e de que nunca deve adiar a prática do Darma para o ano que vem, para o mês que vem ou para amanhã, porque o futuro pode não chegar.

Essa atitude de correr contra o tempo é muito importante, especialmente em relação à prática. Minha própria experiência mostrou que prometer a mim mesmo que começarei a praticar na semana que vem é, de certa forma, a garantia de que nunca o farei. Acho que não sou o único. Quando você compreender que a verdadeira prática do Darma não é apenas a meditação formal, mas sim um enfrentamento e uma oposição intermináveis em relação ao orgulho e ao ego, além de um aprendizado de como aceitar a mudança, você será capaz de começar a praticar imediatamente. Por exemplo, imagine-se sentado na praia admirando o pôr do sol. Não aconteceu nada terrível e você está contente, feliz até. De repente, aquele sininho começa a tocar em sua cabeça, lembrando-o que aquele pode ser o último pôr do sol que você verá. Você percebe que, se morrer, talvez não renasça com a capacidade de apreciar um pôr do sol, e muito menos de compreender o que é um pôr do sol. Esse pensamento, por si só, ajuda a focar sua mente na prática.

A certeza da morte

Devemos rezar ao guru, aos budas e aos bodisatvas, pedindo pela bênção de levar a sério a certeza da morte. Lembre-se com frequência de que você e todas as pessoas que você conhece estão a cada instante mais perto da morte. Não somos totalmente idiotas; claro que sabemos que vamos morrer. Mas nós também temos de viver com algo bem pior do que a realidade da morte: a incerteza sobre exatamente quando e como a morte virá. É essa incerteza que devemos contemplar repetidamente, enquanto fortalecemos nossa confiança e devoção em relação a causa, condição e efeito.

Lembre-se sempre da morte e do carma, pois, talvez para surpresa geral, a maioria de nós se esquece deles com grande facilidade. Um sinal de que nos esquecemos do carma é nunca pararmos de reclamar de todos, desde o Buda e o guru até nossos maridos, esposas, amigos e estranhos na rua. Imagine uma pessoa muito teimosa que insiste em dirigir por uma estrada de terra à beira de um precipício. Ela foi avisada de que aquela estrada é perigosa e de que dirigir embriagada é pedir para se dar mal, mas ignora todas as advertências. Inevitavelmente, chegará o dia em que ela estará tão embriagada a ponto de acelerar demais à beira do precipício e o carro mergulhar nas rochas abaixo. Mesmo assim, ela passará os últimos segundos de vida se queixando de tamanha injustiça. É assim que nós, seres humanos, vivemos. Se examinássemos as causas das muitas tragédias pelas quais já passamos, descobriríamos como, pessoal e sistematicamente, organizamos com precisão as causas e condições que garantem os resultados que experienciamos. No entanto, tudo o que fazemos é reclamar! Isso mostra como é mínima nossa compreensão sobre causa, condição e efeito, e como é ínfima a confiança que temos no Buda, no Darma e na Sangha.

Patrul Rinpoche disse que não é possível aperfeiçoar a prática do Darma e a vida mundana ao mesmo tempo. Se, por acaso, encontrarmos uma pessoa que aparente ter sucesso em ambas as coisas, é provável que suas habilidades se fundamentem em valores mundanos.

É um grande erro acreditar que praticar o Darma nos ajudará a nos acalmar e nos levará a uma vida sem problemas; nada poderia estar mais distante da verdade. O Darma não é uma terapia. De fato, é exatamente o oposto: o Darma foi feito sob medida para virar sua vida de cabeça para baixo. Foi isso o que você pediu, então, por que reclamar quando está dando tudo errado? Se você pratica e sua vida não vira do avesso, isso é um sinal de que você está fazendo alguma coisa errada. É isso que distingue o Darma dos métodos da Nova Era, que incluem auras, relacionamentos, comunicação, bem-estar, criança interior, ser um com o universo e abraçar árvores. Do ponto de vista do Darma, tais interesses são os brinquedos dos seres samsáricos — brinquedos que logo nos enchem de tédio.

Vá além de conceitos

Uma vontade sincera de praticar o Darma não nasce do desejo de ser feliz ou de ser visto como uma pessoa "boa", mas também não o praticamos porque desejamos ser infelizes ou nos tornar pessoas "más". Uma aspiração genuína para praticar o Darma surge do desejo de atingir a iluminação.

A tendência geral dos seres humanos é preferir se adaptar à sociedade, seguindo as regras de etiqueta, sendo gentis, educados e respeitosos. A ironia é que muitas pessoas imaginam que uma pessoa espiritual também deva se comportar assim. Quando vemos um suposto praticante budista se comportando mal, balançamos a cabeça em sinal de reprovação por sua insolência de se apresentar como um seguidor do Buda. No entanto, é melhor evitar tais julgamentos, pois "se encaixar" não é o que um genuíno praticante do Darma busca. Pense em Tilopa, por exemplo. Ele era tão esquisito que, se hoje ele batesse em sua porta, é quase certo que você o impediria de entrar. E com razão. É provável que Tilopa estivesse quase completamente nu ou, com um pouco de sorte, talvez ele estivesse usando algum tipo de tanga. Também é possível que o cabelo dele nunca tivesse visto um xampu e que de sua boca saísse o rabo de um peixe vivo. Que julgamento moral você faria de tal indivíduo? "Ele? Um budista? Mas ele está torturando a pobre criatura, comendo-a viva!" É assim que funcionam nossas mentes teístas, moralistas e críticas. Na verdade, essas mentes funcionam de forma muito similar àquelas das religiões mais puritanas e destrutivas do mundo. Claro que não há nada de necessariamente errado com a moralidade, mas o objetivo da prática espiritual, de acordo com os ensinamentos vajrayana, é ir além de *todos* os conceitos, inclusive o de moralidade.

Hoje, a maioria só pode se dar ao luxo de ser ligeiramente inconformista, mas deveríamos ter a aspiração de ser como Tilopa e rezar para, um dia, termos a audácia de ser tão loucos quanto ele, ousando ir além dos oito darmas mundanos sem se importar com críticas ou elogios. No mundo atual, essa atitude é o cúmulo da loucura. Mais do que nunca, as pessoas esperam ficar felizes quando são admiradas e elogiadas, e ficam infelizes quando são ridicularizadas e criticadas. Assim, é improvável que aqueles que desejam que o mundo os perceba como são se arrisquem a abandonar o ninho dos oito darmas mundanos. Os seres sublimes, porém, não estão nem aí para nada, e é por isso que, do ponto de vista mundano, eles são considerados loucos.

PARTE 1

Por que fazer a prática de ngondro

1
Para que serve o Darma?

O Darma vai me trazer felicidade?

A palavra *felicidade* é um termo genérico usado para descrever o objetivo comum de todos os seres humanos. Todos nós desejamos a felicidade. Contudo, o significado de "felicidade" — e como alcançá-la — é discutível.

Centenas de milhões de pessoas no mundo alimentam a crença de que a felicidade depende de abundância e riqueza material. Sonham em ter a vida das super celebridades de Hollywood com todas as suas armadilhas, como mansões em Beverly Hills e a opção de secar um único lenço numa secadora industrial. Na realidade, porém, apenas uma fração desses sonhadores conseguiria "caber" em Los Angeles. E mesmo que outras áreas igualmente desejáveis pudessem ser encontradas, caso centenas de milhões de pessoas conquistassem um estilo de vida com tamanho luxo e desperdício, as consequências ecológicas, por si só, já seriam devastadoras. Nem os sonhadores nem ninguém mais neste planeta jamais voltaria a desfrutar de um único momento de felicidade.

Outra versão de felicidade é, por exemplo, a vida de um aluno meu australiano chamado Douglas, que vive do seguro desemprego concedido pelo governo e não sente a menor gratidão por isso. "Renúncia" e "repulsa ao samsara" são as desculpas que ele arranjou para evitar o trabalho. Embora seja, supostamente, um aluno do Darma, uma preguiça profundamente arraigada e sua falta de responsabilidade pessoal sinalizam que, a despeito de ter bastante tempo livre, ele não pratique. Não trabalhar e viver da benevolência dos outros parecem provocar nele um certo tipo de bem-aventurança e felicidade. O problema das pessoas como Douglas, acostumadas a viver de assistência governamental, é que elas ficam entorpecidas e acabam achando que têm o direito de receber um auxílio financeiro ilimitado. Muitos supostos praticantes do Darma enquadram-se nessa categoria, principalmente nos países ocidentais liberais, com políticas de bem-estar social generosas. Como Douglas, esses praticantes usam o Darma como desculpa para não trabalhar e não assumir responsabilidades, o que é errado. Na verdade, a versão de "samsara" que eles inventaram é muito pior do que a do materialista apaixonado por carros possantes, porque eles a camuflaram cuidadosamente com o Darma.

Assim sendo, antes de começar a busca pela felicidade, é importante primeiro definir o que realmente significa ser "feliz". Posso afirmar categoricamente, tanto às pessoas que pertencem ao grupo de super celebridades amantes do luxo, quanto aos folgados aproveitadores, que o Darma é um método absolutamente inútil para produzir o que eles pensam que é a felicidade. No entanto, se sua visão de felicidade tem mais a ver com a transcendência de todos os desejos e preocupações mundanas do que com riqueza e fama, é possível que o Darma seja exatamente o que você está procurando.

Cultive a "mente da renúncia"

Se a felicidade mundana não é o objetivo do Darma, o que instiga uma pessoa a praticar? É provável que a ideia de entrar em um caminho espiritual sequer ocorra a uma pessoa que é rica, sabe aproveitar a vida e é muito segura de si mesma. É claro que todos nós, até os mais ricos, experienciamos momentos de tristeza e desespero e podemos até mesmo ser tomados por um ímpeto passageiro de dar as costas ao que este mundo oferece. No entanto, essa experiência não é a de uma genuína mente de renúncia, pois tem muito mais a ver com tédio e cansaço do que com renúncia e, geralmente, é um sinal de que precisamos desesperadamente de uma mudança, como a criança mimada que enjoou de seus brinquedos.

Segundo Jamgön Kongtrul Lodrö Taye, se lá no fundo você ainda acredita que há um cantinho do samsara que possa servir para alguma coisa ou oferecer a solução definitiva para todos os seus problemas mundanos, será muito difícil que você se torne alguém que busca genuinamente a espiritualidade. Acreditar que os problemas se resolvam por si próprios, que seja possível dar um jeito em tudo que é ruim e que haja alguma coisa no samsara pela qual valha a pena lutar, praticamente impossibilita nutrir uma vontade autêntica e intensa de praticar o Darma. A única visão que funciona para o praticante do Darma é acreditar que *não* existe solução para o sofrimento do samsara e que o samsara *não tem conserto*.

É uma visão fácil de manter quando pensamos na morte, o maior medo da grande maioria dos seres humanos. O nascimento, por outro lado, tende a provocar uma resposta bem diferente. Afinal de contas, o nascimento não significa a esperança e a promessa de um futuro melhor? Seres sublimes, como o grande erudito indiano Nagarjuna, não pensavam assim. Nagarjuna considerava o nascimento tão aterrorizante quanto a morte, porque ele assinala um retorno ao samsara e, para os praticantes do Darma, isso deveria ser tão amedrontador quanto a morte iminente.

Em *Carta a um amigo*, Nagarjuna disse:

O samsara é assim, então renascemos
Como deuses, humanos, seres dos infernos,
Como fantasmas ou animais; mas saiba
Que o nascimento, um repositório de muitos males, não é bom.
Quando há nascimento, há incalculável sofrimento,
Doença, envelhecimento, desejos frustrados, morte,
Decadência; em suma, uma profusão enorme de dor.
Ao cessar o nascimento, tudo isso cessará.[1]

É vital entender que, por mais que essa vida mundana ou mesmo apenas um detalhe dela pareça positivo, em última instância, ela será um fracasso, porque *absolutamente nada* dá certo no samsara. Essa é uma postura muito difícil de ser adotada, mas, se conseguirmos ao menos aceitá-la intelectualmente, encontraremos justamente o incentivo de que precisamos para entrar no caminho espiritual. (Outros incentivos incluem enganar-se a si próprio ou emaranhar-se em sistemas mundanos ao tentar consertá-los). O ponto principal, contudo, é que a aspiração sincera de seguir um caminho espiritual só desperta na mente do principiante quando ele percebe com nitidez o quanto o samsara é incorrigível e sem sentido.

Como o Buda Shakyamuni explicou com grande coragem e compaixão a um rei autocrata, existem quatro realidades inevitáveis que, mais cedo ou mais tarde, destroem todos os seres sencientes:

1. Todos nós ficaremos velhos e frágeis.
2. É absolutamente certo que tudo mudará constantemente.
3. Tudo que conquistamos ou acumulamos vai se desfazer e se dissipar um dia.
4. Estamos todos destinados a morrer.

Não obstante, nossas emoções e hábitos são tão fortes que, mesmo quando a verdade está bem à nossa frente, não conseguimos enxergá-la.

Além de reconhecer a futilidade do samsara, o ponto principal da prática do Darma é que ele penetre nossas mentes e diminua nossa afeição pelo ego e pela vida mundana ao nos forçar a nos desapegar dos oito darmas mundanos. A prática deve intensificar nossa devoção à verdade, aumentar o valor que damos ao desejo de ir além do mundano, nunca contradizer os ensinamentos essenciais do Buda e estar em total harmonia com os ensinamentos definitivos. Se nossa versão da prática não é capaz de realizar tudo isso, ela não é uma verdadeira prática do Darma.

Por mais que uma prática possa parecer benéfica, politicamente correta ou empolgante, se ela não for contra o hábito de nos agarrarmos à permanência ou se parecer inofensiva, mas, insidiosamente, nos encorajar a esquecer a verdade da impermanência e da natureza ilusória dos fenômenos, é certo que ela nos levará em direção oposta ao Darma.

O grande Jigme Lingpa disse que quando você pratica o Darma, se você ficar rico sem esforço deve oferecer pujas do fogo e fazer oferendas de água e de tsogs; e, se você se tornar famoso e atrair muitos seguidores, deve conduzi-los à prática do Darma. Embora não faça sentido que você se esforce para agradar uma pessoa só porque ela é rica ou bem nascida, se essa atitude gerar algum tipo de benefício para o Darma ou tiver algum resultado positivo, não faz sentido também aborrecê-la. Mais precisamente, ser guiado pelo

Darma sublime é como ser um rei; pensar somente no Darma torna extraordinária uma existência humana comum; a prática da boditchita não pode ser comparada com a prática das religiões comuns; e permanecer no estado natural supera de longe viver de acordo com uma visão comum.

Ele também enfatizou que, embora obter um corpo humano seja como descobrir uma joia que realiza desejos, com certeza já observamos que muitas pessoas nunca experienciam o "coração de tristeza" e, consequentemente, desperdiçam a vida preciosa que têm. Embora encontrar um guru seja mais digno de celebração do que ser entronizado rei, com certeza já observamos pessoas que não têm devoção e desperdiçam sua boa fortuna ao perceber o guru de forma impura. E embora ter um vislumbre da "mente deste momento" seja o mesmo que ver o Buda, com certeza já observamos pessoas que não têm diligência e permitem que a mente seja levada pela distração.

Desenvolva a disposição de enfrentar a verdade

Tendemos a nos ressentir quando somos confrontados com a verdade e, do ressentimento, nasce a negação. O exemplo mais óbvio é que nos irritamos quando somos forçados a reconhecer a natureza ilusória da vida e a realidade da morte. Nos recusamos a contemplar a morte, embora ela seja uma verdade universal irrefutável. A reação habitual é fingir que a morte nunca vai acontecer — aliás, geralmente lidamos assim com todas as outras verdades inconvenientes que nos parecem difíceis de engolir.

Entretanto, para aquele que deseja sinceramente se tornar um praticante do Darma, em vez do ressentimento é importante desenvolver a disposição e a abertura para aceitar a verdade, pois o *Darma é a verdade*. O próprio Buda não escondeu isso. Ele nunca ofereceu aos discípulos pares de óculos cor-de-rosa para suavizar o horror da verdade da impermanência, da agonia que são as "emoções", da natureza ilusória do mundo e, acima de tudo, da verdade vasta e profunda de shunyata. Nenhuma dessas verdades é fácil de compreender ou mesmo de se aspirar a compreender. É muito difícil que mentes programadas pelo hábito de ansiar por satisfação emocional e de aspirar pelo êxtase comum compreendam isso. Portanto, se alguém é capaz de ouvir os ensinamentos sobre a vacuidade e tolerá-los intelectualmente e também em termos práticos e emocionais, isso é uma indicação de que tem uma afinidade real pelo Darma .

Como apreciar o verdadeiro valor do Darma

O primeiro passo para aprender a apreciar o verdadeiro valor do Darma é admitir genuinamente e aceitar completamente que o samsara é uma doença terminal de que todos nós sofremos. Essa doença nos torna fracos, letárgicos e desprovidos de qualquer tipo de autocontrole. Contudo, continuamos totalmente convencidos de que podemos gerenciar e direcionar todos os aspectos de nossa vida. Acreditamos piamente que estamos em controle. É claro que, na realidade, não temos poder algum, mas, até que nós reconheçamos e admitamos a gravidade da doença, não teremos esperança de apreciar plenamente o Darma. É uma boa ideia você se lembrar dessas duas realidades todos os dias, tal como um paciente que se submete ao tratamento prescrito pelo médico — desse modo, você estabelecerá as fundações da humildade.

Após aceitar genuinamente que estamos doentes e frágeis, a vontade de encontrar a cura surgirá naturalmente e nos levará a desenvolver a "mente da busca". É muito importante buscar a cura ativamente, em especial no início de uma viagem espiritual, quando "buscar" é bem mais importante do que "encontrar". Durante todo o processo, nosso professor é o médico em que confiamos para fazer o diagnóstico de nossa doença, e seus ensinamentos são o remédio que ele prescreve para nos curar. Contudo, nestes tempos de degenerescência, são poucos os que conseguem ver assim a situação em que nos encontramos. Pelo contrário, temos orgulho de nossa aparente boa saúde e de termos nos proporcionado tudo de que precisamos e muito mais. Como Kongtrul Rinpoche enfatizou, o Darma tende a ser a última de nossas prioridades e o resultado é que, se qualquer um pudesse escolher entre uma imensa mala abarrotada de ensinamentos profundos do Darma e uma pequena carteira contendo tudo o que é preciso para ficarmos ricos e famosos, a maioria de nós escolheria a carteira.

Depois de reconhecer plenamente que estamos doentes, a urgência em encontrar uma cura não nos deixará muito tempo para fazer outras coisas. Ou isso é o que você deve ter pensado. Para alguns, o anseio pelo Darma é uma desculpa para passar a vida olhando vitrines em busca de um caminho espiritual. Lamentavelmente, essas são as pessoas que tendem a ser vítimas de propagandas falsas que prometem soluções espirituais instantâneas e indolores e evitam a todo custo qualquer coisa que envolva penitência ou dificuldade. Mesmo sendo verdade que o caminho de bem-aventurança do Sugata (em outras palavras, o caminho espiritual estabelecido pelo Buda) desencoraje as penitências mais autodestrutivas, como a autoflagelação, um caminho espiritual que não envolva alguma dificuldade simplesmente não existe. Infelizmente, em nome da prática do Darma, aqueles que ficam só olhando as vitrines espirituais tendem a ser inconsequentes e indiscriminados quanto ao tipo de ensinamentos que escutam e leem, e não têm a curiosidade e o interesse genuíno de fotocopiar até mesmo uma única página de um texto autêntico do Darma. Jamais lhes passaria pela cabeça a ideia de, quem sabe, tentar colocar em prática o que escutam.

Kyabje Dilgo Khyentse Rinpoche disse que tanto as pessoas comuns como as extraordinárias têm esse comportamento. Existem até lamas e tulkus que procuram formas fáceis de praticar o Darma, sem ter de sofrer privações. Embora tenham a obrigação de saber o que estão fazendo, raramente demonstram qualquer apreço pelos ensinamentos preciosos que recebem ou fazem qualquer tipo de oferenda, muito menos a oferenda de seu corpo, fala, mente e vida. Gostam de ensinamentos que não exigem compromissos e, em vez de tomar a iniciativa de encontrar um lama e criar as condições necessárias para a prática, esperam que isso tudo chegue até eles de mão beijada.

Supere a mentalidade de pobreza

Muitos de nós nos sentimos espiritualmente empobrecidos. Kongtrul Rinpoche disse que isso acontece porque nunca deixamos de desejar conforto e felicidade. Até que esse tipo de mentalidade de pobreza seja superada, grande parte de nossa mente estará sempre ocupada tentando garantir conforto e felicidade, o que torna extremamente difícil abrir mão de qualquer coisa. Mesmo aqueles que se apresentam como praticantes espirituais acharão impossível fazer o esforço sobre-humano necessário para isso.

O problema é que, no nível mundano e superficial, tudo o que se refere à espiritualidade, particularmente ao Budadarma, parece ser uma inutilidade total e uma grande perda de tempo. Somos seres práticos, que gostam de construir casas para viver de forma confortável e feliz — colocar recursos em uma estupa sem quartos, banheiro ou algo de funcional soa como desperdício. Mas, como Kongtrul Rinpoche enfatizou, o menor apego à noção de que os valores e ideais mundanos têm alguma utilidade faz com que seja muito difícil para qualquer um lidar com algo aparentemente tão fútil quanto a prática espiritual. E cortar os hábitos que nos amarram aos valores mundanos, em especial quando se trata de riqueza material, é quase impossível.

Jigme Lingpa disse que, nestes tempos de degenerescência, a prosperidade do Darma é medida pelo número de discípulos que seguem um mestre e pela influência que os monastérios exercem sobre seus discípulos. Do ponto de vista do Darma autêntico, a "riqueza" é compreendida de outra forma. Para um praticante de Darma, riqueza não é ouro, prata ou uma conta bancária robusta; riqueza é contentamento — a sensação de que você tem o suficiente e não precisa de mais nada. Jigme Lingpa também disse que, embora renunciantes não tenham necessariamente um apetite pela riqueza, eles podem desejar fama e isso, ele alertou, é ainda pior do que desejar riqueza.

Seja ávido pela "riqueza nobre"

Quer ambicionemos a riqueza mundana ou a "riqueza nobre" do Darma, nenhuma das duas é fácil de conseguir. Por mais que se precise trabalhar para conseguir a riqueza mundana, temos de trabalhar ainda mais pela riqueza nobre da mente de renúncia, da bondade amorosa, da devoção e da compaixão, especialmente durante os estágios iniciais do caminho espiritual.

Kyabje Dilgo Khyentse Rinpoche dizia que os praticantes do Darma não devem jamais se contentar com a quantidade de ensinamentos que ouvem, por mais ensinamentos que recebam, estudem e coloquem em prática, pois a riqueza do Darma é a única coisa que vale a pena acumular. Essa é uma verdade que um impressionante número de mestres, santos e eruditos do passado entenderam tão bem que estavam dispostos a sacrificar a própria vida por uma única palavra do Darma. Eles também sabiam que o Darma é uma riqueza que podemos levar conosco na hora da morte, embora tenhamos que deixar para trás o corpo, a casa e o extrato bancário.

Se você se sente atraído pela riqueza nobre e quer um pouco para si, primeiro é necessário passar por um treinamento básico. Em termos realistas, um apreço sincero pelo caminho espiritual surge de forma natural apenas muito raramente, e isso é muito menos frequente do que o necessário para garantir seu futuro espiritual. Inspiração e aspiração autênticas e sinceras são tão raras que é possível passar a vida toda sem experienciá-las uma vez sequer. Desgosto e repugnância genuínos pelo samsara são igualmente escassos e, como é improvável que surjam espontaneamente, você deve criá-los, ou fabricá-los. Portanto, uma das primeiras tarefas para quem está iniciando o caminho espiritual é revisar as próprias suposições básicas e fingir adotá-las.

Fazer de conta que o samsara é repugnante pode parecer estranho e artificial no início, mas, se você treinar sua mente a aceitar essa verdade, mais cedo ou mais tarde um senso de renúncia legítimo se desenvolverá nela. O mesmo acontecerá com a devoção, a confiança, o contentamento ou a tristeza. Depois que qualquer uma dessas emoções tenha sido inventada e fabricada por algum tempo, automaticamente ela se tornará genuína, e é por isso que os principiantes devem se contentar em basear a maior parte de sua prática no faz de conta.

Ouça e contemple o Darma

No *Uttaratantra*, o Senhor Maitreya louva a sabedoria acima de tudo.

> Aquele que ouve apenas uma palavra sobre isso, e depois de ouvir tem fé nela, atingirá uma virtude maior do que a da estabilidade meditativa daqueles cujo *dhyana* livra os três mundos do fogo das impurezas e traz a conquista do estado divino do paraíso de Brahma, mesmo que seja praticado como um meio para a iluminação imutável suprema.

Generosidade gera riqueza, conduta correta conduz a estados mais elevados, estabilidade meditativa remove impurezas, mas prajna [sabedoria] remove todas as impurezas e o cognitivo. Portanto, essa prajna é o que há de mais excelente, e sua causa é estudar assim.[2]

Ao ouvir o Darma, começamos a descobrir as falhas ocultas e a surpreendente fragilidade inerentes ao samsara, que até então parecia ser construído de forma tão perfeita e intricada. Ao mesmo tempo, conforme a realidade do samsara é exposta, descobrimos também que o nirvana não é tão entediante ou incompreensível quanto pensávamos a princípio. Pelo contrário, de repente a força e a utilidade notáveis do nirvana tornam-se óbvias, e começamos a discernir melhor entre o que vale a pena ser feito e o que é prejudicial.

Não é fácil ouvir o Darma, mesmo que seja um método indispensável para quem pretende atingir a iluminação. Ouvir montes de palavras enfileiradas é uma coisa, mas realmente compreender o que ouvimos é algo bem diferente, e depende apenas do mérito que acumulamos.

Pratique de acordo com sua capacidade

Na maior parte dos casos, o *que* e o *quanto* praticamos é determinado por nossa capacidade, condições profissionais e familiares e tempo disponível. Todos esses critérios são perfeitamente válidos, visto que foram sancionados pelo próprio Buda. Um exemplo é a história do açougueiro. Quando o Buda era vivo, ele permitiu que um açougueiro fizesse o voto de não matar animais à noite, embora continuasse a matar durante o dia para manter seu meio de subsistência. Como resultado, o açougueiro nasceu em um inferno efêmero, onde sofria agonias excruciantes durante o dia e à noite desfrutava de prazeres ilimitados.

Nessa história, o Buda nos diz que, embora aquele homem ganhasse a vida matando animais, a profissão não impediu que ele e outros como ele se tornassem praticantes espirituais. Ainda assim, uma das falsas concepções mais corriqueiras sobre os praticantes do Budadarma é a ideia de que devemos ser monges celibatários ou iogues solitários como Milarepa, que, por anos a fio, praticou o dia todo, todos os dias. Se açougueiros podem se tornar praticantes, soldados, pescadores e prostitutas também podem. Na verdade, *qualquer pessoa* pode ser um praticante budista porque, independentemente de suas condições e estilo de vida, nada pode impedir alguém de praticar o Budadarma. Embora a maioria das pessoas não consiga fazer tudo que é recomendado nos ensinamentos, adotar uma ou duas atividades ou atitudes fará uma grande diferença em sua vida. Portanto, é preciso virar monge, monja ou iogue para ser budista? De jeito nenhum!

Talvez seja oportuno esclarecer um aspecto da história do açougueiro. Seria um erro supor que o Buda estivesse sancionando o ato de matar quando pediu para o açougueiro não matar durante a noite. Não é nada disso. Tomar aquele voto foi apenas uma etapa necessária para que, um dia, o açougueiro chegasse a uma situação em que não precisasse mais matar para subsistir. Na verdade, as práticas budistas são como etapas ao longo do caminho à iluminação, não um fim em si. Por exemplo, o Buda ensinou aos monges a meditação sobre a feiura — que reduz as mulheres a seus constituintes físicos fundamentais, como pus, sangue, carne, urina e fezes — não para sancionar a difamação de todas as mulheres, mas para ajudar os monges a se livrarem do desejo. Com certeza, ele não estava tentando transformar os monges em misóginos.

Em geral, o Budadarma é muito tolerante, sendo desnecessário dizer que, conforme sua situação, você fará o máximo ou o mínimo que puder quando arriscar seus primeiros passos no caminho budista. É assim que deve ser. Seria uma pena se as pessoas atraídas pelo budismo desistissem logo de início, pensando que é obrigatório tornar-se monge e tomar centenas de votos.

Votos

Um bom começo é tomar apenas um ou dois votos que você tenha certeza de que é capaz de manter. Por exemplo, tente fazer o voto de nunca tirar uma vida humana, que é bem fácil de manter, pois é improvável que até o menos disciplinado de nós adquira o hábito de matar pessoas. Se não fizer o voto, embora seja improvável que você acumule o mau carma de cometer assassinatos, você também não acumulará o bom carma de não cometer assassinatos. Uma vez feito o voto, sempre que você não estiver matando, inclusive enquanto dorme ou surfa na internet, estará acumulando mérito. Então, para começar, tome um voto fácil e, à medida que sua coragem e entusiasmo aumentarem, tome mais votos, como o voto de sempre oferecer conselhos ou de não ser crítico.

Tenha em mente que a prática budista de tomar votos não é um fim, mas um método, um entre os muitos oferecidos pelo Budadarma. Você deve se engajar nessa prática? Sim, claro! É altamente recomendável, porque, como disse Sakya Pandita, a diferença entre os que tomaram votos e os que não tomaram é semelhante à diferença entre o fazendeiro que cultiva suas terras e o que não as cultiva.

Liberação da ilusão e da delusão

Como disse o Buda no *Sutra Vajracchedika Prajnaparamita* (o *Sutra do Diamante*):

> Como uma estrela, uma alucinação, uma vela,
> Uma ilusão mágica, uma gota de orvalho, uma bolha,
> Um sonho, um relâmpago ou uma nuvem:
> Saiba que todos os fenômenos compostos são assim.[3]

Do ponto de vista budista, todos os aspectos e momentos da vida são uma ilusão. De acordo com o Buda, é como ver no céu uma mancha preta que você não consegue identificar e então observar atentamente até ser capaz de enxergar que é um bando de pássaros; ou ouvir um eco perfeito que soa idêntico a uma pessoa real gritando com você. A vida nada mais é do que um fluxo contínuo de ilusões sensoriais, desde as mais óbvias, como a fama e o poder, até as mais difíceis de discernir, como a morte, os sangramentos nasais e as dores de cabeça. Tragicamente, no entanto, a maioria dos seres humanos acredita no que vê, e a verdade que o Buda expôs sobre a natureza ilusória da vida pode ser um pouco difícil de engolir.

O que acontece quando sabemos que tudo o que vemos e experienciamos é uma ilusão? O que sobra depois que essas ilusões tenham sido liberadas? Ser liberado da ilusão é dissipar todas as limitações criadas pelas falsas percepções e transformar por completo nossa atitude. Portanto, "liberar" significa ser libertado da delusão de imaginar que as ilusões são reais. O crucial, porém, é *querer* ser liberado; precisamos *querer* atingir a iluminação. É apenas quando desenvolvemos um anseio genuíno pela iluminação que, quase automaticamente, começamos a aprender como *não querer* ser ambiciosos no sentido mundano. Não é fácil gerar esse anseio, mas não faz o mínimo sentido entrar no caminho espiritual sem ter um rumo.

Milhões de pessoas no mundo estão interessadas em algum tipo de meditação, ioga ou qualquer uma das atividades assim chamadas "espirituais" que são amplamente vendidas hoje em dia. Um exame mais detalhado do motivo que as leva a se dedicar a tais práticas revela um objetivo que tem muito pouco a ver com a liberação da delusão, e tudo a ver com o desespero de escapar de uma vida infeliz e sobrecarregada e com o desejo sincero de ter uma vida saudável, feliz e sem estresse. Todas essas coisas são ilusões românticas.

Onde encontramos, então, a raiz dessas ilusões? Principalmente, em nossos padrões habituais e nas ações decorrentes deles. É claro que nenhuma pessoa em sã consciência imagina que alguém goste de viver numa ilusão, mas somos seres teimosos e, mesmo estando convencidos de que devemos evitar uma vida baseada no autoengano, continuamos a nos agarrar a hábitos que são a causa de incontáveis delusões. Não é de se admirar que grandes mestres do passado tenham dito que, embora todos os seres desejem se livrar do sofrimento, a maioria de nós simplesmente não irá abandoná-lo; e, embora ninguém queira sofrer, achamos quase impossível não sentir atração pelo samsara.

Existência contínua

Um caminho espiritual só é importante para quem aceita a noção da manifestação contínua de fenômenos de vidas passadas, da vida presente e de vidas futuras. É inútil seguir um caminho espiritual se não acreditamos e confiamos nessa verdade.

Os sutras comparam a reencarnação com o relacionamento entre professor e aluno. Um professor de canto ensina os alunos a cantar. Eles aprendem técnicas e se beneficiam com os conselhos diretos de seu professor, que são baseados na experiência dele. No entanto, o professor não tira uma música da própria garganta e a insere na boca dos alunos. Da mesma forma, a reencarnação é a continuidade de tudo que aprendemos, como acender uma vela com outra ou um rosto e seu reflexo no espelho.

Se não houvesse uma existência contínua ou, em outras palavras, se não houvesse reencarnação e realmente vivêssemos apenas uma vez, se todos, seja o iogue na montanha, o garoto do Bronx ou o ambicioso banqueiro de Nova York meramente se tornassem "um" com os elementos ao morrer, como sugerem muitos seguidores da espiritualidade da Nova Era, que motivo haveria para praticarmos o Darma ou qualquer outro caminho espiritual? Por que se incomodar em meditar por horas a fio? Por que se privar de todas as coisas boas que o mundo oferece? Por que excluir qualquer coisa?

Praticamos o Darma para romper o infindável ciclo de existências. Se esse ciclo se rompesse automaticamente no momento da morte, por que se importar em seguir um caminho espiritual? Fazemos um grande estardalhaço pelo fato de Shakyamuni ter se "iluminado" sob a árvore bodhi justamente porque ele conseguiu, por fim, romper a ilusão contínua de nascimento e morte. Se isso acontecesse naturalmente na hora da morte, se a existência cíclica fosse interrompida no momento em que o médico desligasse os aparelhos de suporte de vida, o que nos impediria de cometer suicídio neste exato momento? Ainda assim, há ocidentais, que se dizem eruditos e professores, que declaram estar em busca da iluminação e afirmam exatamente isso. Se eles seguissem seu próprio argumento até sua conclusão lógica, dariam um tiro na cabeça agora mesmo!

Dito isso, carma é quase sinônimo de reencarnação, e ambos são difíceis de serem compreendidos sem que primeiro se tenha uma compreensão do conceito budista de *shunyata* (vacuidade) ao menos no nível intelectual.

Natureza búdica: desenvolva a confiança de que o pior tipo de sujeira *pode* ser removido

As pessoas que entram no caminho espiritual devem tentar olhar suas impurezas resistentes da mesma forma que encaram a louça suja da noite anterior. À primeira vista, é uma montanha de louça que parece terrivelmente sólida e real. É fácil cair em desespero quando começamos a avaliar a tarefa que temos pela frente e percebemos nossa incapacidade de lidar com ela. Contudo, por mais permanentes que os restos de comida grudados nos pratos e talheres pareçam, assim que a água quente e o detergente começarem a agir tudo será removido e a louça ficará limpa e brilhante. Portanto, ao invés de permitir que as aparências o oprimam, a lembrança de que toda a sujeira pode ser removida lhe trará confiança, e todo o processo de seguir um caminho se tornará quase prazeroso.

Sentimentos de agressão, inveja e orgulho vêm e vão e, embora todos os estados emocionais e a própria vida sejam ilusórios e temporários, continuamos a cometer o erro de acreditar que são infinitos e permanentes. Ironicamente, como não conseguimos ver além das delusões, não percebemos o único elemento duradouro que não tem data de vencimento: a natureza búdica. Simplesmente não reparamos nela, mesmo estando tão próxima, como que diante de nosso nariz. Pelo contrário, nos fixamos em tudo que não existe de fato, como os agregados que criam a ilusão de um "eu", e confundimos as causas do sofrimento e o próprio sofrimento com a felicidade. Somos incrivelmente hábeis em construir a teia que nos prende à vida samsárica, mas, mesmo se quiséssemos, seríamos impotentes para destruí-la — e, além disso, não queremos destruí-la.

Por exemplo, vamos à escola a fim de receber um diploma e arrumar um emprego — e isso não apenas para pagar as contas, mas também para reforçar nossa crença na estabilidade de nossa existência. Fazemos amigos não por que somos gregários por natureza, mas para ter quem nos proteja e conforte quando nos sentirmos inseguros e solitários. Mais adiante, noivamos, para sentir que o relacionamento é mais sólido do que um simples namoro, e então casamos, na esperança de nos sentirmos mais seguros. A cereja em cima do bolo é ter filhos, pois os filhos, finalmente, farão com que nossa família sinta-se permanente!

Em termos mais amplos, defendemos o conceito de democracia como um método atingir a liberdade. Na realidade, contudo, ela é apenas outra corrente que nos prende às decisões desastrosas feitas em nosso nome pelas pessoas que colocamos no poder com nossos votos, decisões essas que não só minam o país, mas devastam econômica e ambientalmente o resto do mundo. Essas são formas com as quais nos prendemos ao samsara.

Atenção plena

O PROBLEMA: DISTRAÇÃO

Quase todos sabem que a agressão, o orgulho e a inveja são um problema, mas, de um jeito ou de outro, *todas as emoções* causam problemas, cada uma a seu modo. "Paixão", por exemplo, é completamente diferente de "agressão". Contudo, fundamentalmente, todas as emoções brotam de uma fonte básica, a distração. O que é "distração"? É óbvio que não é só o barulho explosivo de uma motosserra ou uma música estridente de Bollywood que interrompem nossa meditação. Em um nível mais profundo, distração é qualquer uma das respostas emocionais que desviam nossa atenção; por exemplo, a esperança de ser elogiado e o medo de ser criticado, assim como manifestações mais sutis, do tipo ficar "viajando", distraído, perdido em pensamentos ou entusiasmado.

A SOLUÇÃO: ATENÇÃO PLENA

Uma vez que o problema fundamental é a distração, a solução fundamental é a atenção plena. Há um número infinito de métodos para desenvolver a atenção plena, e todos pertencem a uma das seguintes categorias: *shamata* ou *vipashyana*. O objetivo da prática de shamata é tornar a mente maleável, mas uma mente flexível não é o bastante para acabar com o samsara. Também é preciso ver a verdade, e é por isso que a prática de vipashyana é tão crucial.

Para nossa infelicidade, porém, ter atenção plena é difícil, principalmente porque não temos interesse em desenvolvê-la; mas também porque nosso hábito de procurar distrações é profundamente arraigado e tenaz. Portanto, é vital para o praticante do Darma desenvolver a mente de renúncia e reconhecer os defeitos do samsara, dois aspectos centrais da abordagem budista para o treinamento da mente.

Os mestres do passado sugerem que nos recordemos sempre da iminência da morte, da futilidade das atividades mundanas e da pior das notícias: não há fim para os sofrimentos do samsara. Simplesmente olhe em volta e você verá que o mundo nunca para de produzir mais e mais das mesmas coisas, e que o resultado é uma dor contínua e um sofrimento insuportável. Não é nenhuma surpresa então que, como muitos grandes mestres salientaram, manter a atenção plena pelo tempo necessário para se beber uma xícara de chá acumule mais mérito do que anos de prática de generosidade, disciplina e asceticismo.

Disciplina, meditação e sabedoria

Jamgöm Kongtrul Lodrö Taye escreveu que aspirava alcançar as vastas e infinitas atividades de um bodisatva sozinho, sem ter de lidar com atendentes bajuladores, vencer inimigos ou suportar o fardo de ter muitas amizades, e rezava: "Possa eu permanecer isolado e domar minha mente."

Esse "domar a mente" a que Kongtrul Rinpoche se refere é classificado, nos ensinamentos do Buda Shakymuni, como os três treinamentos mais elevados em disciplina, concentração unifocal e sabedoria, que são métodos excelentes para nos proteger contra as cinco flechas de Mara. Nos sutras é dito que Mara (o "diabo" do budismo) é um tipo traiçoeiro e um arqueiro experiente. Evitar ficar na mira de uma dessas cinco flechas exige um tremendo esforço, pois todas apontam para nossos pontos mais vulneráveis.

» A primeira flecha de Mara está apontada para aqueles que sentem muito *orgulho* por suas realizações ou por sua riqueza material ou espiritual.
» A segunda está apontada para aqueles que são *ignorantes*, pois não têm ideia de quais atividades e atitudes precisam ser abandonadas e quais devem ser adotadas.
» A terceira está dirigida àqueles que têm *visões errôneas*, tais como não acreditar em causa, condição e efeito.
» A quarta está fixada naqueles cujo *esquecimento* os distrai continuamente da atenção plena.
» A quinta atinge aqueles que são *distraídos* pelas oito preocupações mundanas.

Como praticantes, o melhor é não propalar nossas fraquezas e não exibi-las como alvo para as flechas de Mara. Portanto, precisamos aprender a nos proteger, seja usando uma armadura ou, inteligentemente, nos camuflando com:

1. *Disciplina*, para contrariar e perturbar nossas emoções.
2. *Meditação*, para subjugar as emoções para que não saiam do controle desde o momento em que surgem.
3. *Sabedoria*, para arrancar pela raiz todas as emoções.

Treinar-se na disciplina purifica ações nocivas e pensamentos errôneos; treinar-se na meditação estabiliza a visão correta, a motivação correta e a ação correta; e treinar-se na sabedoria nos liberta da raiz da ignorância.

Se examinássemos todas as diferentes emoções que surgem na mente de uma pessoa durante um único dia, teríamos uma vaga noção do número e variedade inimagináveis de emoções que os seres sencientes podem sentir. O Buda nos deu um antídoto, ou treinamento, para cada uma dessas emoções. Àqueles que desejam escapar do sofrimento, ele ensinou o shravakayana. Àqueles que desejam escapar dos extremos da vida samsárica, não estão interessados no nirvana e nutrem o desejo de ajudar todos os seres a serem verdadeiramente felizes, ele ensinou o bodisatvayana. Esses dois veículos (yanas) são caminhos completos, que, em última instância, levam à liberação da delusão.

2
O caminho causal e o caminho resultante

Seja onde e quando o Buda ensinasse, a audiência era sempre composta por uma ampla gama de indivíduos que ouviam e escutavam os ensinamentos de forma diferente, de acordo com a capacidade, preferência e personalidade de cada um. Por isso, embora o Buda não tivesse a intenção de criar as escolas e tradições hoje existentes no âmbito do Budadarma, com o passar do tempo surgiram diversos veículos para seus ensinamentos. Para simplificar as coisas, em algum momento do passado os eruditos começaram a classificar esses veículos, e uma das classificações que eles criaram divide os ensinamentos em dois caminhos: o caminho "causal" e o caminho "resultante".

O caminho causal

O quanto compreendemos dos ensinamentos do Buda depende apenas de nossa atitude e capacidade e, para a maioria de nós, a ideia de "resultado" da prática é desconcertante. Para nos encorajar, e encorajar todos os outros que só são capazes de absorver uma vaga impressão intelectual do efeito da prática espiritual, o Buda ensinou os caminhos centrados no resultado, tais como o shravakayana, o pratyekabuddhayana e o bodisatvayana, que fazem o diagnóstico dos sintomas e recomendam a aplicação de remédios adequados.

De acordo com o shravakayana e o pratyekabuddhayana, a "verdade do sofrimento" é que o mundo comum e samsárico é impuro e, portanto, a atitude lógica que o praticante espiritual deve adotar é tentar escapar deste mundo. Indo além disso, o bodisatvayana ensina que o samsara é imperfeito no nível relativo, mas salienta que sua natureza última é vazia. Então, ao invés de colocar toda a sua energia em evitar o samsara, o bodisatva é aconselhado a focar em práticas como a boditchita da aspiração e aproveitar todas as oportunidades para ajudar os seres sencientes, mesmo que isso signifique mergulhar a fundo na vida samsárica, como um cisne que mergulha nas profundezas lodosas de um lago onde brotam flores de lótus.

O caminho resultante

Outros praticantes são capazes de compreender ideias inconcebíveis e de acreditar em realidades inacreditáveis. São corajosos, audazes e raras vezes se repreendem por pensar e agir de forma diferente dos outros. Para eles, o caminho resultante é o mais indicado, porque inclui atividades motivadas pelo resultado, tais como lavar a louça depois do café da manhã.

Como já vimos, quando você lava a tigela do cereal matinal todos os dias, você sabe que, por mais grudada que a granola ressecada pareça estar, o fato de que a tigela estava limpa antes do café da manhã deve significar que é possível que ela fique limpa novamente depois da refeição. Portanto, você tem certeza que a sujeira é temporária e que, após a lavagem, uma tigela fundamentalmente limpa será revelada. É por isso que lavar a louça é descrita como uma atividade motivada pelo resultado.

O que significa, então, "acreditar em realidades inacreditáveis"? O *Tantra Heruka Galpo* resume muito bem: no caminho causal é dito que os seres têm o *potencial* para se tornar budas, ao passo que no caminho resultante é dito eles *já são* budas. Entretanto, imagine como você reagiria se alguém insistisse em dizer que não apenas você é um buda, como também todos os outros seres sencientes são budas. Você acreditaria nessa pessoa? Se você pensa que sim, das duas uma: ou sua perspectiva é ingênua, no estilo Nova Era ou, no melhor dos casos, você acredita que a outra pessoa tenha uma percepção extremamente pura, o que, enquanto justificativa para "convicção", é um tanto fraca. De fato, a única forma de desenvolver uma compreensão genuína de que todos somos budas é seguir o caminho vajrayana.

O caminho é o objetivo

Teoricamente desde o início, os praticantes do caminho resultante aplicam, ou ao menos imaginam que estão aplicando, métodos que unem causa e resultado. Nesse contexto, "imaginam" significa que, embora pareça que você está trabalhando com a *causa* de sua iluminação, você já está visualizando o *resultado*, que é a iluminação em si. Tome como exemplo cozinhar um ovo. Um ovo comum tem a aparência de um ovo, não de uma omelete. Mas, se você tem a intenção de fazer uma omelete, você já tem a imagem da omelete em sua mente e, embora os ovos crus não sejam nada parecidos com ela, o resultado será uma omelete, porque você visualizou como quer que os ovos fiquem depois de cozidos. Esse é um exemplo do resultado como sendo o caminho, e é um método que impele a causa a amadurecer mais rapidamente.

Outro exemplo: embora o leite, por ser líquido, não seja nada parecido com um tablete sólido de manteiga, depois de ser transformado pelo método muito simples e dinâmico de ser batido, ele assume uma forma diferente. Apesar disso, o leite continua sendo leite. De forma similar, água e gelo parecem completamente diferentes, mas, em essência, ambos são água.

Um dos infinitos benefícios desse método é oferecer aos praticantes um incentivo à prática, bem como instilar a confiança e a compreensão de que o *caminho é o objetivo*.

Aquilo que prende os seres samsáricos também pode liberá-los

Nos textos tântricos é dito que os pensamentos discursivos só podem ser subjugados por pensamentos discursivos, e que a existência cíclica só pode ser desmantelada pela existência cíclica. O grande Saraha também enfatizou que aquilo que prende os tolos liberta os sábios. Os seguidores do Darma que não têm a abertura e a coragem para compreender essa verdade vão achar que o caminho é entediante, que os métodos disponíveis são limitados e que a jornada é árdua e tem caráter de penitência.

Ao mesmo tempo, não se engane achando que você possui faculdades superiores e a capacidade necessária para aplicar exclusivamente os métodos extraordinários do vajrayana. Desde o princípio, os grandes mestres do passado sempre nos alertaram que devemos almejar praticar o caminho resultante, mas sem jamais imaginar que estamos acima dos caminhos causais do shravakayana e do bodisatvayana. Externamente, devemos praticar o shravakayana, internamente, o bodisatvayana e, secretamente, o vajrayana.

Praticar dessa forma gera grandes benefícios. Por exemplo, ser visto praticando o shravakayana pode inspirar outras pessoas a começarem a praticar, encorajando-as a incluir a renúncia, a humildade e a simplicidade em suas práticas. Ao praticar o bodisatvayana internamente, você fortalecerá sua coragem e compaixão, além de evitar o efeito colateral de se tornar muito pomposo. Ao manter a prática vajrayana secreta, você evitará que os outros façam julgamentos precipitados ou que fiquem escandalizados com os métodos, prevenindo todas as consequências negativas subsequentes que, muitas vezes, mancham a reputação do tantra.

Aqueles que ainda não estão prontos para o tantrayana, mas exibem-se ostensivamente como praticantes tântricos, arruínam o próprio caminho espiritual e fecham a porta da inspiração para os demais. Embora seres humanos sejam capazes de visualizar veneno como remédio antes de ingeri-lo, aqueles que tentarem, mas não possuírem a capacidade dos pavões de *transformar* veneno em remédio, morrerão. Afinal de contas, deve haver um bom motivo para que o Buda Shakyamuni tenha escolhido ter uma aparência serena, vestir mantos de monge e caminhar descalço neste mundo, em vez de optar por sua manifestação sambhogakaya, com palácios esplêndidos e um séquito enorme.

Usar este corpo físico como um caminho

O caminho do shravakayana é um caminho de disciplina. O praticante aprende a disciplinar o corpo físico por meio de várias de práticas, desde abster-se de má conduta sexual e raspar a cabeça, até sentar-se com a postura ereta para meditar e controlar a respiração, concentrando-se unifocalmente na inspiração e na expiração do ar em suas narinas.

Os seguidores do caminho do bodisatva também usam o corpo para aprender a disciplina e, além disso, usam-no para executar atividades compassivas. Para o bodisatva, ao menos por enquanto, o corpo é um dispositivo muito útil, embora sua forma, elementos, função e necessidades não sejam considerados ferramentas indispensáveis para a prática, como acontece no vajrayana. Na verdade, o bodisatvayana frequentemente vê o corpo como um fardo. Como escreveu Shantideva:

> Escravos que se mostram inaptos para o trabalho
> Não são agraciados com roupas e mantimentos.
> Por que então você sustenta com tanto sofrimento
> Este corpo que, embora nutrido, irá abandoná-lo?
>
> Portanto, pague a este corpo a remuneração que lhe cabe,
> E assegure de fazê-lo trabalhar em seu benefício.
> Não esbanje tudo, porém,
> Com algo que não lhe trará benefício perfeito.
>
> Considere seu corpo um veículo,
> Um simples barco para ir daqui para acolá.
> Transforme-o em algo que realiza todos os desejos,
> A fim de beneficiar os seres.[4]

A atitude dos praticantes do vajrayana em relação ao corpo físico é bem diferente da atitude que se tem nos outros dois yanas. Os veículos do caminho causal veem o corpo como algo a que estamos presos, enquanto o vajrayana o promove como nosso auxiliar mais acessível.

A sabedoria e os meios hábeis encontrados no bodisatvayana permitem um uso maior do corpo físico do que os métodos equivalentes oferecidos pelo shravakayana. Há histórias maravilhosas de bodisatvas altruístas que ofereceram o corpo para ajudar os outros, como a história do monge que, mesmo sendo celibatário, satisfez uma garota que estava loucamente apaixonada por ele ou a famosa história sobre como o Buda, em uma de suas últimas vidas antes de atingir a iluminação, entregou de bom grado seu corpo a fim de satisfazer a fome de uma tigresa faminta e seus filhotes.

O corpo não é usado pelos praticantes do vajrayana apenas para servir aos outros; ele também desempenha um papel significativo na prática da meditação. Para aprimorar sua prática, por exemplo, os praticantes fazem vários gestos (mudras), dançam e participam das atividades comuns de comer e beber. Desde o início, os alunos vajrayana aprendem que os elementos e energias do corpo são jnana (sabedoria) e kaya (deidade) (esses termos serão discutidos mais adiante neste texto) e que os limites entre o corpo e a mente são de fato muito tênues, se não inexistentes. Portanto, faz sentido para as pessoas que desejam domar essa mente invisível, intangível, inalcançável e abstrata aproveitar a oportunidade para também manipular o corpo, o que pode ser extremamente útil. Por exemplo, se você nunca teve uma dor de cabeça e quer saber como ela é, você pode imaginá-la ou bater com um tijolo em sua cabeça. Talvez demore um pouco até você atingir a perfeição utilizando o primeiro método, e nada garante que sua dor de cabeça imaginária seja igual à real. Já o segundo método, sem dúvida, resultará em uma experiência imediata e absolutamente autêntica de dor de cabeça.

O Senhor Buda ensinou esses caminhos diferentes para garantir que todos os praticantes em potencial pudessem encontrar ensinamentos apropriados às suas capacidades, mas nenhum caminho é mais precioso ou mais elevado do que o outro. É bastante comum que os alunos do mahayana e do vajrayana menosprezem as tradições dos shravakas. Essa é uma perspectiva repugnante, pois rebaixa as próprias palavras do Buda, como se elas pudessem ser, de alguma forma, inferiores às dos outros veículos. Como uma palavra dita pelo Buda pode ser "superior" ou "inferior" a uma outra palavra dita por ele? É impossível! Como alunos do Budadarma, devemos ter a aspiração de praticar *todos* os ensinamentos do Buda, independentemente da linhagem que seguimos.

Um exemplo clássico é o do homem que sofre de icterícia e, devido à doença, vê uma concha branca como sendo amarela. Uma interpretação afirma que o homem deveria ver uma concha branca e que, portanto, é necessário lhe receitar um remédio para que ele veja a cor correta. O remédio, nesse caso, vem na forma dos meios hábeis oferecidos pelo shravakayana, pratyekabuddhayana e bodisatvayana.

O vajrayana oferece uma interpretação bem diferente, visando aqueles que têm maior capacidade de compreensão. A cor que o homem vê na concha é irrelevante; o que importa é que, desde o início, ele é apresentado à realidade de que a concha é branca. A partir daí, mesmo que continue a ver uma concha amarela, ele sempre irá lembrar que a concha é inerentemente branca. Desse modo, o vajrayana é descrito como o "caminho resultante", porque a primeira coisa que é dita aos alunos é que o resultado da cura consistirá em enxergar uma concha branca e não uma concha amarela. Essa abordagem gera para muitos alunos uma grande confiança e facilidade no caminho.

Entretanto, depois de passar muitas vidas reforçando a crença de que a concha é amarela, não é fácil aceitar que aquela mesma concha é, na verdade, branca. Quando olho para minha mão e vejo as articulações tortas, os dedos desiguais e as unhas quebradas, sei que o que vejo é resultado de minha ignorância e, por eu me agarrar à minha própria ideia de "eu", eu sou, basicamente, "ignorante". Se eu não fosse ignorante, minhas mãos pareceriam perfeitas. Mas o que é uma mão perfeita? Se fosse possível descrever, contemplar e imaginar uma mão perfeita, obviamente, ela não seria perfeita — essa é a razão pela qual a parte mais difícil desse processo é nos convencermos de que todos nós sempre fomos budas perfeitos.

Nossa tendência é só acreditar no que podemos ver, e o que vemos é sempre filtrado pela nossa percepção pessoal. Veja o exemplo de um homem que já é extremamente paranoico com problemas imaginários e acredita piamente que há fantasmas morando no armário da cozinha. Dizer a ele que os fantasmas são criados por sua própria imaginação não ajudará em nada, porque ele tem certeza de que os fantasmas existem. Uma abordagem bem mais rápida e eficiente seria concordar, com habilidade, que, de certa forma, a delusão paranoica dele é real e, então, oferecer um método para dissipar essa delusão, como, por exemplo, chamar os Caça-Fantasmas[5]!

Outras pessoas podem ter a capacidade de ver as coisas como elas veem um arco-íris: de forma vívida e até claramente discernível, com a consciência, no entanto, de que na realidade não há nada lá. A esse tipo de pessoa, o vajrayana explica que o antídoto não se assemelha à sua antítese, mas é idêntico ao próprio problema. Isso é o oposto de nosso modo de pensar habitual: se o problema é preto, imaginamos que o antídoto é branco; se o problema é um risco de lápis, o antídoto deve ser uma borracha. No entanto, muitas vezes o melhor antídoto se parece exatamente com o problema que ele tenta solucionar. Como é dito nos textos tântricos, o melhor método para remover água do ouvido é colocar mais água dentro do ouvido.

3
Introdução à prática do ngondro

"Ngondro": um termo inadequado?

Infelizmente, o significado da palavra *ngondro*, "preliminar", é um pouco enganoso e muitas vezes mal interpretado. Praticantes tendem a supor que "preliminar" indica que a prática do ngondro é apenas um pouco mais do que uma série de obstáculos que devem ser eliminados o quanto antes. Da mesma forma que depois de aprender a ler não precisamos mais pensar no alfabeto, eles pensam que depois de acabar as acumulações do ngondro poderão finalmente entrar de cabeça na prática "verdadeira". É uma lástima, porque, embora seja verdade que o ngondro seja um pré-requisito necessário para muitas outras práticas, ao subestimá-lo perdemos de vista seu verdadeiro significado e propósito.

O ngondro consiste em uma série de práticas com muitas repetições. Criou-se o costume de repetir cada elemento pelo menos 100 mil vezes, e há muitas instruções específicas que determinam como cada prática deve ser feita, quais são as substâncias e implementos rituais necessários para a prática e como devem ser feitas as oferendas. A acumulação de práticas é um método importante e útil, especialmente para pessoas indolentes e indisciplinadas como eu, que acham que ter uma meta preestabelecida ajuda a superar a preguiça e, mais cedo ou mais tarde, alcançar algo que valha a pena — essa é a exata razão pela qual tais metas foram originalmente estabelecidas. Como praticantes, devemos explorar todos os métodos disponíveis para tentar nos disciplinar. E para os que podem praticar em retiro, dividir os dias em três ou quatro sessões é também um método excelente.

Patrul Rinpoche nos diz que o ngondro é a fundação de toda a prática vajrayana e, portanto, ainda mais importante do que as chamadas práticas principais. Caso fosse meramente um passaporte para as práticas mais significativas, grandes mestres não se preocupariam mais com o ngondro após completarem as acumulações necessárias. Mas eles se preocupam. Testemunhei isso pessoalmente quando convivi com Kyabje Dilgo Khyentse Rinpoche durante a última parte de sua vida e o vi praticar o ngondro do Longchen Nyingtik regularmente, o que, por si só, demonstra como essa é uma prática vital.

Vajrasatva, oferenda de mandala e guru ioga são métodos do vajrayana, enquanto tomar refúgio e despertar a boditchita são geralmente classificados como práticas do shravakayana e do bodisatvayana, respectivamente. Quais desses métodos você considera desnecessários? Quais você excluiria? A resposta, claro, é nenhum. Todas as práticas são igualmente importantes, porque o ngondro une a essência de todos os veículos de forma concisa, contém tudo que nós, praticantes, precisamos trabalhar, e tudo que é necessário no caminho espiritual.

A estrutura do ngondro

Tomar refúgio é a primeira das práticas preliminares, e seu propósito é nos desviar do caminho errado e nos levar para o caminho certo. Uma vez seguros no caminho certo, nos dirigimos do caminho inferior para o caminho superior com o despertar a boditchita, que é a corporificação de todo o caminho do bodisatva. Contudo, antes de despejarmos o néctar do Darma no recipiente de nosso corpo, fala e mente, esse deve ser primeiro limpo e purificado por meio da prática da visualização do guru como Vajrasatva. Depois, para nos enriquecer com a habilidade de compreender e manter a prática e, principalmente, de completá-la, precisamos acumular uma quantidade inimaginável de mérito. Para tanto, oferecemos a mandala. Finalmente, temos a guru ioga. A única maneira de atingir a liberação com rapidez é compreender a natureza da mente, e tal compreensão só pode ser consumada pela própria mente. Porque nossas mentes são atualmente muito rígidas, distraídas e confusas, elas precisam de um treinamento. Porém, seguir os métodos mais gerais demora muito tempo, éons na verdade, e é necessário um esforço tremendo simplesmente para gerar o entusiasmo a fim de embarcar em um caminho tão longo. Assim, para aqueles que são impacientes e querem compreender a natureza da mente nesta vida, o único método disponível que tem eficácia comprovada é receber as bênçãos do guru, e é por isso que praticamos o mais profundo de todos os caminhos, a guru ioga.

Alguns conselhos para antes de você começar

PACIÊNCIA: VOCÊ COMETERÁ ERROS

Costumo dizer aos praticantes, especialmente aos principiantes, que não há como aprender tudo o que há para ser aprendido sobre como fazer o ngondro corretamente e, só *então*, começar a praticar. Só é possível saber tudo, inclusive como executar todos os rituais da maneira correta, uma vez que a prática tenha sido completada e plenamente consumada. Portanto, é inevitável que você constantemente cometa erros, grandes e pequenos, e é errando que você aprenderá. Ninguém imagina, quando começa a estudar um novo idioma, que vá aprender todo o vocabulário e toda a gramática de uma vez e na mesma hora sair falando com perfeição. Dominamos uma língua à medida que avançamos: cometemos erros, tropeçamos nas palavras aqui e ali e improvisamos. Mais cedo ou mais tarde, no entanto, tudo se encaixa e de repente descobrimos que somos fluentes naquele idioma. A prática do Darma segue um padrão semelhante, e grande parte da aprendizagem ocorre com os erros que cometemos ao praticar.

Não se esqueça de que haverá um longo período de esforço intenso entre o início de sua prática e sua primeira experiência do gosto real do Darma. Mas, uma vez que tenha experimentado esse gosto, você poderá praticar em todas as situações, em todos os cantos do mundo e com todos os tipos imagináveis de pessoas. E então, não apenas você relaxará em relação a você mesmo, mas também deixará de criticar os outros por não estarem praticando "adequadamente".

FAZER PERGUNTAS

Os praticantes modernos sentem a necessidade de fazer as mais elaboradas perguntas repetidamente, mas isso não é de fato necessário, principalmente porque a maioria dos problemas que os praticantes inventam nem chegam a ser problemas. Os lamas que não são corajosos sentem-se obrigados a responder a esse tipo de pergunta, esforçando-se para dar respostas imponentes. Seus alunos anotam com muito zelo cada palavra que eles pronunciam e, no dia seguinte, voltam com um novo problema, que é quase idêntico ao anterior.

A principal razão pela qual recebemos ensinamentos é para colocá-los em prática após contemplá-los. Perguntas sobre quando comer ou se é melhor praticar pela manhã ou à noite não precisam ser feitas toda vez que você inicia um nova prática. Hoje em dia, no entanto, fazer muitas perguntas se tornou uma forma de preguiça relativamente sofisticada. É meio como querer que outra pessoa faça tudo por você: praticar, responder a suas perguntas, fazer os preparativos necessários e organizar tudo, de modo que a única coisa que você precisa fazer é experienciar a realização.

No caso das pessoas que desejam fazer um retiro de ngondro, as instruções sobre como praticar cada seção do ngondro são as mesmas da prática diária, portanto, não será necessário nada além da informação contida nestas páginas.

O LOCAL E A HORA DE PRATICAR

Não faz diferença *onde* você pratica, portanto, tente não complicar demais. Caso contrário, você poderá desperdiçar todo o seu tempo e energia criando minuciosamente as condições ideais para a prática, e não sobrará tempo para a prática em si.

O grande Longchenpa disse que é relativamente fácil pacificar o embotamento mental no alto das montanhas, onde a mente é naturalmente mais clara. Portanto, se um dia você tiver a oportunidade de passar um tempo nas montanhas e tiver recebido ensinamentos sobre as práticas relacionadas a visualização, shamata e vipashyana, essas são as práticas que você deve fazer. Ele também disse que é bastante benéfico contemplar a impermanência em lugares rochosos, pois isso faz brotar a tristeza pelos sofrimentos da vida samsárica em nossas mentes. Portanto, as cavernas são bons lugares para fazer as meditações vipashyana e shamata. É dito que sentar perto da água corrente traz um senso de urgência em relação à pratica que encoraja a renúncia e a repulsa ao samsara, e que praticar em cemitérios traz muitas bênçãos e grandes realizações muito rapidamente.

Se for fácil para você praticar em uma caverna, às margens de um rio ou em um cemitério, sem dúvida siga o conselho de Longchenpa; caso contrário, não há necessidade de perder tempo tentando. O pré-requisito fundamental para a prática do Darma é o isolamento completo, porque, quando estamos sós, ficamos sujeitos a menos distrações, criando condições perfeitas para que a tristeza surja em nossa mente. Para aqueles que sabem usá-la, a tristeza é um solo fértil, de onde todos os tipos de pensamentos benéficos podem brotar com pouquíssimo esforço. Jigme Lingpa descreveu a tristeza como uma das riquezas nobres mais inestimáveis, e, nos sutras, o Buda saudou a tristeza como a desbravadora de todas as boas qualidades subsequentes.

A tristeza traz consigo a confiança e a devoção, as quais, uma vez desenvolvidas, fazem com que as práticas de shamata e vipashyana exijam bem pouco esforço. Com a prática de shamata a mente fica maleável e preparada, e uma mente flexível torna o vipashyana relativamente fácil de praticar. Como o Buda disse à assembleia de monges durante seus ensinamentos sobre o vinaya, a disciplina ajuda a manter o samádi; acostumar-se ao samádi prolonga os momentos de sobriedade, e a sobriedade é a própria sabedoria. Uma vez consumada a sabedoria, não estaremos mais atados pelo desejo, raiva e ignorância e poderemos perceber todos os fenômenos como eles de fato são.

Hoje em dia, porém, a simples tarefa de encontrar tempo para ficar completamente sozinho e praticar pode ser extremamente problemática, em especial para aqueles que têm família. Para essas pessoas, organizar o lugar ideal seria um capricho inimaginável. Por isso, simplifique as coisas e faça todo o possível para ficar completamente sozinho por uma ou duas horas, todos os dias. Como Jigme Lingpa disse, o maior de todos os méritos é poder ficar sozinho, sem fazer nada além de praticar o Darma; mesmo que o mundo inteiro e tudo que ele contém fossem dados como oferenda, isso não nos proporcionaria o mérito necessário para praticarmos em isolamento. Ele ainda disse que só é possível ver os defeitos do samsara e os benefícios do nirvana em isolamento. Assim, reze do fundo do coração para que um dia você tenha essa oportunidade.

Outra boa razão para permanecer só é a raridade de se encontrar pessoas imparciais, que honram o Darma e não são invejosas.

Se ainda nos é difícil criar a oportunidade e as condições certas para levar uma vida solitária, podemos ao menos tentar afastar nossa mente da confusão. Como disse Kongtrul Rinpoche, de todas as experiências de isolamento, segregar a mente da confusão é o retiro supremo, a solidão suprema, o lugar retirado supremo. Portanto, quando você estiver no meio da multidão, numa festa ou jogo de futebol, tente por alguns instantes não se envolver com o que está acontecendo a seu redor.

VOCÊ *DEVE* FICAR FRUSTRADO

Praticar o Darma é necessariamente frustrante. O que os praticantes, e em particular os principiantes, frequentemente não conseguem perceber é que frustrações são sinais de nosso sucesso. Uma exasperante falta de concentração, devoção ou inspiração pode ser tudo de que você precisa para fazer aquele esforço extra a fim de se dedicar inteiramente à prática. É claro que isso também pode empurrar você para o outro lado, levando-o a parar de praticar — uma tentação que deve ser evitada a qualquer custo. Contudo, sempre se lembre de que a frustração com o caminho espiritual é muitas vezes um sinal de que você está se tornando um legítimo praticante do Darma.

DIAS MELHORES E DIAS PIORES

O caráter de nossa prática muda, dependendo de estarmos praticando em retiro ou na vida cotidiana. Como a constituição humana está irrevogavelmente ligada aos elementos em constante mudança que compõem universo, podemos dizer que os seres humanos são pouco mais que um subproduto dessas interações. Como resultado, nossa mente e constituição física estão em perpétua mudança;

num dia nossa meditação é inspiradora e encorajadora, pois nos concentramos com facilidade e a visualização é clara; no outro, um desastre tedioso e frustrante. Não devemos permitir, no entanto, que essas experiências influenciem nossas expectativas em relação à prática.

Quando a prática estiver indo bem, tente não se excitar demais e nem fazer desse nível de concentração e inspiração uma referência para práticas futuras. Tsele Natsok Rangdröl disse que os praticantes de Darma não devem ser como crianças que ficam superexcitadas em um lugar cheio de brinquedos e, sem saber qual escolher, acabam não fazendo nada. Quando sua prática for ruim, não permita que isso enfraqueça ou corroa sua determinação. O conselho de Jigme Lingpa é o seguinte: quando encontrar de repente circunstâncias ruins e obstáculos, considere-os como bênçãos compassivas do guru e do Darma, bem como um resultado da prática.

Nossa vida será sacudida pela prática. Poderemos até atrair obstáculos, como o Buda Shakyamuni, que atraiu a ira de Mara horas antes de atingir a iluminação. As dificuldades são, portanto, um sinal de que a prática está funcionando, e você deve se alegrar com isso.

O mais importante é a constância. Em geral o que acontece é que no auge da inspiração as pessoas acabam exagerando na prática e depois ficam profundamente frustradas se não tiverem sonhos bons, não conseguirem se concentrar adequadamente ou perderem a calma. Fartam-se de praticar e depois param por uns meses e, finalmente, quando voltam a praticar, descobrem que estão de novo na estaca zero. Nesse ritmo, o progresso é muito lento. Uma abordagem muito melhor é a da tartaruga. Cada passo parece que demora uma eternidade, mas, por menos inspirado que você esteja, continue mantendo as sessões de prática com precisão e constância. É assim que usamos nosso maior inimigo, o hábito, contra nós mesmos. O hábito agarra-se a nós como uma sanguessuga, tornando-se mais rígido e obstinado a cada momento e, mesmo quando conseguimos nos safar dele, ainda fica a comichão para nos lembrar de sua existência. Quando adquirimos o costume de praticar com regularidade, jogamos nosso inimigo contra ele mesmo, reagindo aos maus hábitos com o bom hábito da prática. Como Shantideva enfatizou, nada é difícil depois que você se acostuma.

SUPORTES PARA A PRÁTICA

Se você tem onde morar, talvez seja uma boa ideia montar um altar. Embora o altar não precise ser elaborado, não deixe de incluir uma estátua do Buda Shakyamuni. Como Nagarjuna mencionou em *Carta a um amigo*, até mesmo uma imagem de madeira do Tathagata deve ser considerada como sendo o próprio Tathagata. Longchenpa concordava com isso. Ele disse que todas as estátuas do Buda devem ser consideradas manifestações do Buda. O simples fato de uma estátua ter sido feita na forma do Buda significa que ela é, automaticamente, abençoada por ele e, portanto, preciosa, não devendo ser confundida com um objeto inanimado. Contudo, muitas vezes os alunos do vajrayana enchem o altar com estátuas de deidades vajrayana e omitem por completo o Buda, tornando difícil saber se eles são mesmo budistas. Enquanto você estiver fazendo o ngondro, pode ser útil incluir uma representação do campo de mérito específico de sua prática, na forma de uma tangka, pintura ou desenho. Lembre-se de que o propósito de um altar é ser um suporte para a prática, um lembrete do Buda, do Darma e da Sangha, e um lembrete da atenção plena.

Os altares devem ser inspiradores e limpos, não como uma cornija de lareira amontoada com bugigangas das quais não se sabe o que fazer. As fotografias dos lamas podem ser inspiradoras, mas lembre-se de não ostentá-las como se fossem uma placa ou certificado para se gabar de suas conexões.

O próprio Buda disse que, no futuro, ele aparecerá como palavras escritas no papel, por isso, devemos sempre lavar as mãos antes de manusear textos sagrados. Também devemos sempre mostrar grande respeito pelas representações do Buda, onde quer que estejam, próximas ou distantes, acima ou abaixo. Um método excelente para isso é cultivar a disciplina de não passar por cima de objetos sagrados, como os textos do Darma e o hábito dos monges. Esse é um hábito que os músicos indianos desenvolveram milênios atrás. Eles têm o costume de reverenciar e homenagear seus instrumentos como via de regra, e nunca imaginariam pisar neles.

Atualmente, é comum a reprodução de textos do Darma em fotocópias de baixa qualidade. Contudo, as palavras que aparecem nessas páginas manchadas têm o poder de nos libertar da delusão. O esforço de não pisar ou passar por cima de um texto, por si só, acumula muito mérito e, como resultado, na próxima vez em que você estudar um texto do Darma entenderá melhor as palavras do Buda. Assim, quando você dedicar o mérito de suas atividades à iluminação de todos os seres, sempre acrescente: "Possam todos praticantes nunca pisar em seus textos do Darma!" Isso pode exigir um leve recondicionamento, mas é um bom hábito a ser adotado.

4
Seu aquecimento espiritual

Pode ser difícil de acreditar, mas este exato momento é a ocasião perfeita para você começar a praticar, independentemente de quantas boas ou más razões você encontre para adiá-la. Talvez você prefira esperar até estar mais tranquilo no trabalho, ganhar na loteria ou superar o desgosto de ter sido abandonado por seu parceiro. Mas sempre haverá transtornos na vida, e esperar até que as coisas se acalmem servirá apenas para garantir que você jamais dê o primeiro passo. Por isso, por mais tumultuada que seja sua vida, hoje, este exato instante, é o melhor momento para você começar a praticar, e aqui temos algumas sugestões e receitas que o ajudarão a continuar praticando.

As quatro atitudes dos praticantes

O desenvolvimento dessas quatro atitudes é enfaticamente recomendado, mesmo que apenas no nível da aspiração, pois elas ajudam a aparar os fios soltos que se emaranham com tanta facilidade nas armadilhas do samsara.

1. A ATITUDE DE UM VEADO FERIDO
Da mesma forma que um veado ferido busca o isolamento para se curar, encontre um lugar isolado, onde você possa ter tempo e espaço para praticar.

2. A ATITUDE DE UM LEÃO
Seja corajoso como um leão e não dê a mínima importância às situações difíceis ou más notícias, porque elas podem causar distrações e envolvimentos que apenas conduzirão a problemas ainda mais sérios no futuro.

3. A ATITUDE DO VENTO

O vento não discrimina por onde sopra. Do mesmo modo, não tente encontrar situações boas e evitar as ruins.

4. A ATITUDE DOS LOUCOS

Como um louco, não cultive preferência ou aversão por nenhum dos oito darmas mundanos; por exemplo, não dê importância nenhuma a elogios ou críticas.

O mestre sakyapa Jetsun Rinpoche Drakpa Gyaltsen disse que, enquanto estivermos apegados a nossos pertences, casa e família, não chegaremos nem a tentar nos liberar do samsara. Por isso, devemos começar praticando *generosidade* e *disciplina*.

Depois de escapar da armadilha do samsara, é imprescindível que não voltemos para o samsara. No entanto, muitas vezes os bodisatvas perdem o ânimo, porque os incontáveis seres sencientes que eles encontram são exaustivos demais, e todo o processo é muito desalentador. Trabalhar em benefício dos outros pode ser parecido com atravessar a nado, nu e sozinho, um oceano imenso; e o mero vislumbre do horizonte é desanimador e terrivelmente deprimente. Se isso acontecer, o bodisatva demorará muito mais do que o necessário para desenvolver as qualidades mais virtuosas — devoção, renúncia e ausência de distração —, e é por isso que precisamos praticar *paciência* e *diligência*.

Por último, mesmo depois de vencidos todos os obstáculos, ainda podemos colocar tudo a perder se permitirmos que a ignorância e a distração tomem conta da mente; assim, praticamos *samádi* e *sabedoria*.

Os três princípios nobres

Os três princípios nobres são indispensáveis para os praticantes do bodisatvayana e do vajrayana.

1. DESPERTE A BODITCHITA

Seja qual for sua prática, desde o ngondro até oferecer uma única vela, sempre pratique com a intenção de que sua prática beneficie todos os seres sencientes. Nesse contexto, "beneficiar" não significa apenas oferecer auxílio prático, como fornecer comida e remédios ou alimentar as emoções, o ego e a delusão das pessoas. Aqui, "beneficiar" inclui a aspiração de contribuir ativamente para a iluminação de todos os seres sencientes. Sem essa aspiração, podemos ser levados a praticar o Darma em benefício próprio. É vital sempre ter em mente que praticamos para o benefício de todos os outros seres, e que é a grandiosidade dessa aspiração é o que faz com que a prática do Darma seja extremamente poderosa e inexaurível, praticamente garantindo que o resultado seja infinitamente benéfico.

2. APLIQUE A CONSCIÊNCIA DA NÃO DUALIDADE

Ao praticar ou executar atividades do Darma, devemos estar sempre conscientes de que tudo o que fazemos é ilusório ou, pelo menos, tentar nos lembrar disso. Se espetarmos nossa carne, nossa mente lógica nos dirá que sentiremos dor. A dor em si parece real, porque a ideia de que os fenômenos são sólidos e existem de fato tem um domínio quase inquebrantável sobre nós. Assim, precisamos nos acostumar com a noção de que tudo o que vemos, fazemos e pensamos é uma interpretação criada por nossa mente e isso, por si só, já é um passo importante rumo à prática de não dualidade. E "se acostumar" a isso significa nos lembrarmos disso constantemente. Por exemplo, se seus joelhos começarem a doer quando você estiver acumulando prostrações, lembre-se de que o "eu" em "eu estou me prostrando" e "meus" em "meus joelhos estão doendo" são ilusões criadas pela mente.

Lembrar que tudo que você experiencia é criado pela mente também é o antídoto direto para o orgulho e o ego, e depois que isso passar a ser sua segunda natureza, você não se apegará mais a suas atividades do Darma. Isso não significa que você não praticará. Pelo contrário, da mesma forma que alguém que está morrendo de sede não resiste a beber imensos goles de água, uma vez que você saiba que tudo é uma ilusão, seus únicos pensamentos serão sobre o Darma. Claro, o próprio Darma é o antídoto para o ego, mas, para aqueles que se orgulham de serem bons praticantes, as atividades do Darma podem ser apenas uma forma a mais de inflar seus egos. É por isso que é tão importante lembrar que absolutamente tudo o que experienciamos é apenas um produto da mente, mesmo que seja por meros cinco minutos por dia.

A pergunta clássica que os alunos fazem nesse ponto é: "Se tudo o que eu experiencio é apenas um produto de minha mente, existe 'acumulação de mérito'?" Nesse contexto, o conceito de existência ou não existência do mérito é apenas outra construção mental.

No início pode ser difícil despertar a motivação boditchita e estar consciente da não dualidade a cada vez que você faz algo. Também é improvável que você consiga imediatamente meditar sobre a vacuidade durante uma hora inteira todos os dias. Em vez disso, comece tentando lembrar que tudo o que você vê e experiencia é um mero produto de sua percepção. Por exemplo, mesmo ao realizar as atividades mais simples do Darma, como dar uma flor a seu professor, lembre-se de que, embora você acumule mérito por fazer a oferenda, a ideia de acumular mérito é uma criação de sua mente. Em todas as oportunidades, habitue-se a pensar que tudo o que você percebe é produzido pela mente e que não existe algo como uma atividade "sagrada" verdadeiramente existente.

Essas percepções afetarão profundamente o modo como você funciona, acima de tudo porque elas o libertam das consequências de impurezas como o orgulho e a inveja. Então, quando seu professor jogar no chão a flor que você lhe ofereceu, sem nem mesmo olhar para ela, você não dará a mínima importância.

3. DEDIQUE

Sempre conclua sua prática dedicando qualquer mérito que possa ter gerado não apenas a seu próprio bem-estar, mas também ao benefício e à iluminação de todos os seres sencientes. Você não precisa esperar pelo fim da sessão de prática para fazer a dedicação; pode fazê-la a qualquer momento, depois de cada prostração, por exemplo, para ter certeza de que nenhuma foi desperdiçada. Você também pode dedicar o mérito que talvez tenha se esquecido de dedicar em todas as suas vidas passadas, dizendo algo do tipo:

Dedico todo o mérito que acabei de acumular,
Todo o mérito que não me lembro de ter acumulado em vidas passadas,
E todo o mérito que acumularei no futuro,
Ao benefício e à iluminação de todos os seres sencientes.

Por mais experiente que você seja como praticante do Darma, é crucial ter em mente que a única maneira de garantir que todas as suas ações, e não apenas sua prática espiritual formal, serão benéficas para você e para os outros é por meio da aplicação desses três princípios nobres.

Seja ambicioso quanto à magnitude de sua motivação. Não se contente com uma simples bondade quando o que é necessário não é nada menos do que a mente de boditchita totalmente amadurecida. Kyabje Dudjom Rinpoche disse que a prática de Darma não é, na realidade, tão difícil, tudo é apenas uma questão de motivação. Portanto, nunca se esqueça de gerar a motivação de querer conduzir todos os seres sencientes à iluminação completa. Quanto mais magnânima for sua motivação, mais mérito será acumulado, até mesmo quando tudo o que você fizer seja apenas acender uma vela.

- » Se acender uma vela meramente para decorar a sala de visitas, você tem a motivação de uma pessoa comum.
- » Se acender uma vela com o desejo de acumular mérito e um dia destruir o samsara, você compartilha da atitude cultivada pelos praticantes shravakayana.
- » Se acender uma vela com o desejo de que o mérito acumulado seja dedicado à iluminação de todos os seres sencientes, sua atitude é a mesma dos praticantes do caminho do bodisatva.
- » Considerar a vela como sendo a luz da sabedoria que ilumina todos os seres sencientes, com a aspiração de que todos os lugares onde a luz alcance tornem-se a mandala, é a atitude de um praticante tântrico.

Entretanto, é raro nos lembrarmos dessas instruções cruciais e, quando isso acontece, é comum complicarmos a prática sem necessidade. Hoje em dia, ouço muitos praticantes falarem que querem fazer retiros longos, ou fazer oferendas imensas ao professor, ou realizar algum outro gesto grandioso que acumulará um mérito imenso de uma tacada só. Mas, na realidade, eles não têm tempo nem condições para fazer coisa alguma e, ironicamente, tais gestos são desnecessários. Tudo o que precisamos fazer para acumular um vasto repositório de mérito é selar todas as nossas ações com a motivação boditchita. Desse modo, oferecer uma única flor ao professor com o pensamento

"Possa essa oferenda beneficiar, em última instância, todos os seres sencientes" acumulará um mérito incomensurável. Portanto, a dedicação é um método extremamente simples, porém poderoso, de acumular mérito. Infelizmente, a maioria dos praticantes parece considerar esse método insignificante demais para ser levado em conta, o que indica que eles não têm mérito suficiente para compreender o poder profundo da dedicação de mérito.

Então, esses são os três princípios nobres. Se você conseguir se lembrar de aplicá-los em todas as atividades diárias, logo se tornará um grande praticante do Darma.

Corte a corrente de pensamentos

É uma boa ideia cortar a corrente de pensamentos antes de mergulhar na sessão de prática. Imagine que você tenha discutido com sua noiva momentos antes de começar a sessão de prática; com a mente repleta de pensamentos e reações ao que acabou de acontecer, sua capacidade de concentração vai se evaporar. Assim, ao invés de ir logo abrindo os textos de prática, reserve antes alguns instantes para cortar a corrente de pensamentos.

Para isso, você pode usar inúmeros métodos. Por exemplo, sente-se quieto, com as costas retas e as pernas cruzadas, se for confortável, ou em uma cadeira, se preferir, e comece a praticar. Toda vez que surgir um pensamento, lembre-se de como é raro e precioso ter nascido como um ser humano, da iminência e imprevisibilidade da morte, dos sofrimentos terríveis desta vida, das consequências cármicas inevitáveis de suas ações que não puderam ser evitadas ou pense em qualquer outra coisa que possa ajudá-lo a desenvolver um senso de renúncia em relação à vida mundana. Traga esses pensamentos a mente repetidamente e, mesmo que você pratique apenas dez minutos por dia, se dedicar dois ou três minutos para cortar a corrente de pensamentos, sua mente se transformará por completo.

A disciplina como preparação

Nagarjuna disse que a disciplina é como o chão em que pisamos; se não houvesse um chão, seria impossível plantar flores e legumes e não haveria onde colocar uma mesa. Da mesma forma, a disciplina é o chão, ou a fundação, de todas as atividades virtuosas (até para se fazer um bom café expresso é preciso certo grau de disciplina). E para fazer qualquer coisa muito bem, primeiro necessitamos de disciplina para aprender as regras e as práticas adequadas.

A depressão, um dos maiores desafios enfrentados pelas pessoas modernas, é frequentemente provocada por maus hábitos que são resultado da falta de disciplina, tais como ficar enrolando para levar o lixo para a rua, ansiar por não fazer nada ou detestar rotina. Se as pessoas deprimidas tivessem um pouco de disciplina, tenho certeza de que grande parte da depressão simplesmente desapareceria. Imagine, por exemplo, que seu médico lhe prescreva uma dieta com baixo teor de carboidratos, pois os carboidratos potencializam a depressão. Dois dias depois de começar a dieta você vai a um excelente restaurante italiano com os amigos, e eles pedem deliciosos pratos de massa. Você pensa para si mesmo: "Acabei de começar a dieta, que mal pode fazer um prato de massa? Farei deste o meu último prato de massa e amanhã começarei a dieta." Desse modo, você quebra a disciplina e, imediatamente, cai numa depressão pós-prato de massa. É exatamente assim que a falta de disciplina gera a depressão.

Evitar carboidratos é um tipo de disciplina cotidiana comum, mas outras disciplinas, mais extraordinárias, são empregadas regularmente no caminho espiritual. Por exemplo: ser celibatário; raspar a cabeça ou nunca cortar o cabelo; acordar todos os dias às seis da manhã, apesar de não gostar de madrugar. Atividades que você aprecia também podem ser consideradas disciplinas, como caminhar no parque todas as quartas-feiras. Qualquer coisa que você pratique com disciplina e regularidade evitará que a mente (o depósito dos padrões habituais) afunde na depressão, mesmo quando for obrigado a fazer coisas que não lhe agradam. Em outras palavras, a disciplina é uma forma de garantir que a mente não se torne mimada.

Assim como evitar a rotina pode resultar em depressão, a falta de disciplina na infância pode causar problemas mais tarde. É provável que uma criança que se acostume a nunca ser contrariada venha a ser um adulto infeliz, simplesmente porque nunca aprendeu a lidar com a raiva que surge em sua mente indisciplinada, quando ela não consegue o que deseja, e muito menos com a birra quase inevitável que vem em seguida.

No contexto do ngondro, é preciso disciplina para fazer a prática de prostrações. Talvez você não consiga fazer 500 prostrações por dia, mas todo mundo tem tempo para fazer três, cinco, sete ou dez. Além disso, se você adotar a disciplina de contar as prostrações, não conseguirá evitar que, mais cedo ou mais tarde, você venha a completar 100 mil ou, mesmo talvez, 500 mil prostrações. Não se esqueça, porém, de que a prática de Darma não é uma corrida até a linha de chegada da iluminação completa.

Os praticantes tendem a se preocupar com a quantidade de prostrações que acumulam, mas provavelmente eles deveriam se preocupar mais com a quantidade de disciplina que têm. Tente se disciplinar para praticar todos os dias, ao invés de apenas de vez em quando, e pratique meia hora todos os dias, ao invés de cinco minutos em um dia e uma hora no outro. Você também pode tentar se vestir bem antes da prática, para que ela passe a ser um evento especial e importante de seu dia, ao invés de se arrastar até sua almofada de meditação de pijama e recitar as orações como um papagaio, como se estivesse sendo forçado a pagar algum tipo de imposto espiritual.

Lembrar-se do guru é a melhor preparação para a prática

Para um praticante vajrayana, é vital aprender a pensar constantemente no guru, não apenas pelas informações que ele lhe dá como instrutor espiritual, mas, principalmente, porque pensar no guru é pensar no Buda. E, em última instância, lembrar-se do guru é exatamente o mesmo que lembrar-se da natureza de sua mente.

Um método que nos ajuda a lembrar do guru é recitar preces inspiradoras compostas pelos grandes mestres do passado — por exemplo, *Clamar ao guru*, de Jamgön Kongtrul Lodrö Taye, geralmente traduzida por *Chamar o guru a distância*. Se você não gosta de ler preces, uma abordagem mais espontânea é inventar sua própria invocação ali, na hora. Não é preciso se preocupar com detalhes técnicos sobre como escrever um poema e nem sentir vergonha de sua falta de eloquência. O importante aqui é dizer ao professor exatamente aquilo que o preocupa (com bom senso; pedir que ele conserte o encanamento seria um pouco inadequado). O melhor de tudo é invocar seu guru com a prece que pede que sua prática do Darma nunca saia dos trilhos, mas, pelo contrário, que seja completamente bem-sucedida, e que você possa beneficiar não apenas a si mesmo, mas também a todos os seres sencientes.

Muitas pessoas hoje em dia desejam praticar o Darma e renunciar à vida mundana, mas estão cercadas por montanhas de obstáculos. Muito rapidamente essa vontade de praticar é sufocada por pensamentos comuns, que são fruto da preguiça habitual. Ainda assim, a única coisa que elas precisam fazer para realizar seu desejo é se lembrar do guru. Você já perdeu uma ponta do cordão que amarra o pijama na cintura? Lembrar-se do guru é como conseguir pegar a ponta perdida do cordão, para que você possa puxá-la e amarrar seu pijama.

Três instruções essenciais para antes de você começar a praticar

1. EXPELIR O AR ESTAGNADO

Uma boa maneira de se preparar para a prática é "expelir o ar estagnado". Essa é uma prática que se aprende melhor com alguém que lhe mostre como fazê-la pessoalmente, mas, não sendo possível, tente seguir esse método bastante simples.

Depois de passar alguns minutos cortando a corrente de pensamentos, restabeleça a boa postura e verifique se suas costas estão retas. Como disse o Buda, todos os fenômenos "originam-se em dependência", inclusive o corpo e a mente. No entanto, enquanto a mente dá a impressão de ser quase inatingível, nossos corpos são muito mais acessíveis. Basta endireitar as costas para que o poder da originação dependente garanta que o prana e o nadi funcionem devidamente, tornando a realização muito mais possível. (O ideal é praticar a postura de sete pontos de Vairochana.)

» Inspire por ambas as narinas, enchendo todo o pulmão.
» Dobre o dedo indicador da mão esquerda e pressione acima da articulação do dedo médio. (Essa forma é apenas a metade

de um meio vajra, que é feito criando a mesma forma com ambas as mãos e juntando-as).
» Feche a narina esquerda com o dedo médio da mão esquerda e esvazie os pulmões, expirando com força pela narina direita.
Ao expirar, imagine que toda a raiva e frustração são expelidas de seu corpo na forma de uma fumaça suja e poluída.
Ao inspirar, imagine que toda sabedoria e compaixão dos budas e bodisatvas dissolvem-se em você na forma de uma luz branca.
» Libere a narina esquerda.

» Dobre o dedo indicador da mão direta e pressione acima da articulação do dedo médio.
» Feche a narina direita com o dedo médio da mão direita e esvazie os pulmões, expirando com força pela narina esquerda.
Ao expirar, imagine que todo o desejo é expelido de seu corpo na forma de uma luz vermelho-escura.
Ao inspirar, imagine que toda sabedoria e compaixão dos budas e bodisatvas dissolvem-se em você na forma de luz branca.
» Libere a narina direita.

» Com as duas narinas abertas, inspire e depois expire com força por ambas as narinas.
Ao expirar, imagine toda sua ignorância saindo como uma nuvem escura.
Ao inspirar, imagine que toda sabedoria e compaixão dos budas e bodisatvas dissolvem-se em você na forma de uma luz branca.

» Quando terminar a prática, respire normalmente.

Não se demore nessas visualizações e não fique obcecado com os detalhes, apenas considere que tudo o que é visualizado está de fato acontecendo. Não fique fixado a algum ponto específico da visualização, nem comece a se perguntar "Qual seria a intensidade do brilho da luz branca?". O objetivo da visualização vajrayana é ocupar a mente com pensamentos extraordinários, em vez de mundanos. Prender-se demais aos detalhes é precisamente o tipo de atividade que abre as portas para que os obstáculos entrem na prática, fazendo com que você volte para seu modo comum e habitual de pensar. Simplesmente, passe por cada etapa da prática, e quando uma etapa for concluída, vá rapidamente à seguinte.

Dito isso, se você quer seguir uma tradição de prática específica, o melhor é consultar um professor que tenha experiência naquela tradição.

2. TRANSFORME O AMBIENTE EM UM REINO BÚDICO

O vajrayana é o caminho que transforma a percepção impura habitual para que possamos perceber tudo e todos que encontramos de forma pura. Portanto, seja onde for que você pratica — em casa, ou na Alemanha, em Hong Kong, na Austrália, ou num centro de meditação no sul da França —, convença-se de que, sem sombra de dúvida, está em um reino puro.

Nesse contexto, "impuro" não tem nada a ver com sujeira nas ruas nem com os montes de lixo que se vê, por exemplo, em Kathmandu. A percepção dualista é considerada "impura" quando você se prende à ideia de que um teto só pode ser um teto, um chão só pode ser um chão e mil pessoas não cabem dentro do armário de vassouras. Em outras palavras, suas distinções dualistas limitam a manifestação de um fenômeno a um propósito específico. Por outro lado, você tem percepção pura quando não se fixa em uma única percepção como sendo um fenômeno exclusivo; em vez disso, você se conecta à sua capacidade inerente de ver e aceitar que mil pessoas podem caber facilmente num minúsculo armário de guardar vassouras. Enquanto continuar operando a partir de sua visão comum de mundo, você será inflexível na crença de que é absolutamente impossível colocar tantas pessoas em um espaço tão pequeno. Tão logo essa percepção comece a mudar, você se tornará igualmente inflexível na crença de que é possível.

Depois de você aceitar que tudo é possível, um reino búdico não será mais como um daqueles planetas distantes visitados pela nave espacial Enterprise nem como a visão sentimental do paraíso que está profundamente enraizada na psique popular. Mas, como chegaremos a aceitar genuinamente que tudo é possível? A resposta é: com a prática de ngondro.

Se a deidade principal de sua prática de ngondro for Guru Rinpoche, visualize-se no reino da Montanha Cor de Cobre. É óbvio que isso não significa que você deve imaginar que os tetos e as paredes sejam feitos de cobre! Em vez disso, ajuste a percepção comum com o pensamento "o que eu vejo não é como as coisas são". Diga a você mesmo que as "coisas" que o cercam não se limitam a tijolos, argamassa, rodovias, trânsito ou hostes de anjos do paraíso. Cada "coisa" é infinita, e todos os objetos, como a caneta sobre sua mesa, contêm em si bilhões e bilhões de reinos puros. É assim que você começa a ajustar a mente para, um dia, poder aceitar que tudo é possível.

A *transformação* da percepção é a quintessência da prática vajrayana, mas é importante não confundi-la com a eliminação total da percepção. Transformar a percepção é mudar de atitude quanto à maneira que você percebe o mundo e é um processo pelo qual você deve passar diariamente.

3. CRIE UMA ATMOSFERA E UM AMBIENTE INSPIRADORES

Se possível, crie uma atmosfera inspiradora para praticar — limpe o local de prática, acenda um incenso, coloque belas imagens do Buda e faça oferendas. Mas, embora sejamos condicionados a sermos afetados pelo ambiente, como foi dito anteriormente neste livro, tome cuidado para não cair na armadilha de perder mais tempo e energia criando a atmosfera do que praticando.

Chamar o guru

O próprio nome dessa prática, Chamar o guru, ou Clamar ao guru, é muito interessante, pois sugere ser necessário tanto lembrar ao guru que nós existimos como chamar por ele pedindo ajuda. Como já ouvimos muitas vezes, o cerne da prática do Darma é a atenção plena, e a tarefa principal do praticante é não se distrair. Portanto, quando temos a atenção plena como a essência de nossa prática, no momento em que pensamos no guru, já estamos chamando por ele e podemos ter certeza de que ele nos ouviu. De certa forma, pensar no guru é o melhor tipo de atenção plena. Mas, como poucos conseguem pensar no guru continuamente, também podemos dizer que invocar o guru é pedir à nossa própria mente que se lembre do guru.

Ao recitar qualquer uma das preces extraordinárias para chamar o guru, não apenas clamamos ao guru por sua ajuda, como também nos lembramos das faltas habituais comuns a todos os praticantes do Darma. Aceitar e compreender nossas faltas e pontos fracos é um exercício valioso, embora tenha ficado fora moda de uns tempos para cá. É provável que as reflexões do indivíduo genuinamente espiritual sobre seu próprio caráter sejam muito mais duras do que as análises de quem nasceu no mundo moderno. Especialmente nos Estados Unidos, coloca-se muito mais ênfase na construção da autoestima e da autoconfiança do que na análise crítica. Assim, à primeira vista, uma prática que reforça a reflexão crítica pode parecer o produto de uma cultura alienígena aos olhos modernos. Mas seria isso mesmo? Seria o tipo de reflexão que encontramos nas preces *Invocar o lama*, de Jigme Lingpa (do ngondro do Longchen Nyingtik), e *Chamar o guru a distância*, de Kongtrul Rinpoche, meramente o produto das influências culturais tibetanas sobre o Darma?

Pensei muito sobre o assunto e posso dizer com certa confiança que não, que tais reflexões críticas não são culturalmente inspiradas. O propósito principal do Darma é desmontar o sistema de proteção que criamos para nós mesmos e a que chamamos de "ego", e o objetivo por trás de cada sílaba do Darma e de cada um de seus métodos é contradizer, interromper e esfacelar esse ego, até tenha sido atingida a meta de nos libertarmos dele por completo. Tradicionalmente, os cortes e rasgões que fazemos no casulo do ego são considerados o prenúncio do nascimento de um autêntico praticante do Darma.

Contudo, a maioria de nós não chega nem a ser um praticante do Darma. Podemos ser estudantes do Darma que têm interesse e são inspirados pelo Darma, mas ser um praticante é bem diferente. O praticante pode ver a futilidade dos oito darmas mundanos ao mesmo tempo em que faz um esforço heroico para abandoná-los, o que é imensamente difícil, mas não impossível. Por outro lado, o propósito de estudar para um estudante do Darma está atrelado aos oito darmas mundanos: estudamos porque somos ambiciosos e queremos aumentar nosso conhecimento, ou conquistar o coração de algum outro estudante do Darma inocente e ingênuo, ou ainda nos tornar algum tipo de guru espiritual.

Aqueles que têm tempo ou estão em retiro devem ler tantas das grandes orações de invocação ao guru quanto possível. Em *Chamar o guru*, de Jamgön Kongtrul, e *Invocar o lama*, de Jigme Lingpa, chamamos nossos gurus e criamos crateras em nosso ego ao lembrar de nossas faltas mais insidiosas. Recomendo enfaticamente a oração de Kongtrul Rinpoche, porque invoca os gurus de muitas linhagens diferentes e, portanto, é particularmente benéfica do ponto de vista rime (não sectário). (O sectarismo é um dos tipos mais brutais de materialismo espiritual.)

Os fundamentos comuns

A contemplação dos "fundamentos comuns", às vezes conhecidos como "os quatro pensamentos que afastam a mente do samsara", é um método clássico de preparação para o Darma que ainda funciona muito bem hoje em dia e não tem nada de arcaico. É claro que o ideal é você ter essas contemplações em mente o tempo todo, mas, ao menos, tente lê-las todos os dias no início da sessão de prática.

1. A PRECIOSIDADE DESTE CORPO HUMANO

Aqui desenvolvemos nosso apreço por ter a capacidade e oportunidade de praticar o Darma nesta vida. Ter um corpo humano é extremamente importante para a prática do Darma. Ao contrário dos animais ou das pessoas que vivem em países infestados de bandidos e milícias privadas, a maioria dos leitores deste livro desfruta de um senso fundamental de segurança pessoal. Você não corre o risco de morrer diariamente nem passa o dia desesperado, andando por horas em busca de comida e de um lugar seguro para dormir. A maioria de nós é até capaz de apreciar feitos grandiosos e seres notáveis e, em algumas raras ocasiões, sentir respeito e admiração por uma grande figura histórica como Milarepa. Acima de tudo, podemos fazer a aspiração "Possam todos os seres sencientes ser felizes", sem considerar que isso seja uma perda de tempo. Portanto, de alguma forma, temos as qualidades que nos caracterizam como seres que têm um corpo humano precioso.

O problema é que não necessariamente aproveitamos nossa sorte. Por exemplo, nada nos impede de passar uma hora com os amigos em um café, enquanto pouquíssimos seres nos outros reinos podem se dar ao luxo de desperdiçar tempo desse modo. Imagine o que deve ser nascer em Jerusalém ou na faixa de Gaza, perpetuamente sob a ameaça de levar um tiro ou de explodir em pedaços. Portanto, se podemos nos dar ao luxo de estar em segurança e ter tempo para o lazer, devemos tentar apreciar essa oportunidade, usando-a devidamente.

Nascer como um ser humano é extremamente precioso porque, em certo nível, os seres humanos têm a capacidade intelectual de entender a natureza do sofrimento e suas causas. Os seres nos reinos dos infernos conhecem apenas uma dor intensa implacável e inimaginável e uma agonia inexorável que causam entorpecimento e debilidade. Os seres nos reinos dos deuses conhecem apenas a felicidade e possuem tudo o que desejam; eles nunca ficam tristes nem sentem a curiosidade de examinar a própria mente. Por isso, entre os seres dos seis reinos do samsara, os humanos que não sejam nem felizes demais nem oprimidos demais pelo sofrimento e pela dor estão na melhor situação possível para entender o sofrimento.

O Buda explicou que a vida humana se torna "preciosa" quando um ser humano é livre e rico. Então, o que nos impede de ser livres? A distração. Se não tivéssemos distrações, seríamos livres; e se fôssemos atentos, seríamos ricos. Portanto, não imagine que um corpo humano é considerado "precioso" somente porque é saudável, culto e bem relacionado. Ele só se torna precioso quando a pessoa encontra o Darma e embarca na prática espiritual.

2. IMPERMANÊNCIA

A preocupação do praticante com felicidade, reputação e conforto diminui à medida que sua compreensão da impermanência aumenta. Só aprendemos a apreciar a impermanência quando desenvolvemos um senso de urgência em relação à prática. Nenhum de nós tem muito tempo. Hoje pode ser o último dia desta sua vida; o jantar de hoje pode ser o seu último, e não há absolutamente nenhuma garantia de que algum de nós viverá o suficiente para ver o amanhã, muito menos de que viverá para sempre.

Neste mundo perigoso e insalubre, seria uma grande conquista para uma pessoa de cinquenta anos viver até os oitenta. Quem passou dos cinquenta já viveu mais da metade da vida e, quanto mais velhos ficamos, parece que o tempo passa cada vez mais rapidamente. Os trinta anos que imaginamos ainda ter pela frente passarão em um piscar de olhos. Para começar, dormimos umas oito horas por noite, o que corresponde a dez desses trinta anos. Vamos supor que assistir a um filme e comer três vezes por dia consuma cerca de quatro horas. Também fazemos fofocas, conversamos com amigos, conferimos o resultado dos jogos de futebol, cuidamos da casa, pagamos contas, mantemos contato com a família e fazemos exercícios, o que, provavelmente, consome duas horas por dia. E, claro, a maioria das pessoas trabalha de sete a oito horas por dia. Logo, se nós, cinquentões, tivermos sorte, teremos menos de duas horas por dia sobrando, ou cerca de dois anos e meio de vida. Grande parte desse tempo será consumida com paranoias, ansiedade, insegurança etc. Em suma, sobra muito pouco tempo para a prática.

3. CARMA

Longchenpa disse que, embora, em última instância, o sol de nossa verdadeira natureza nasça continuamente, ele é obscurecido pelas nuvens brancas de nossas ações virtuosas e pelas nuvens escuras de nossos erros. Todo o esforço para abandonar o carma ruim e acumular o bom é como o clarão de relâmpagos que se sucedem ininterruptamente e são seguidos por um dilúvio de confusão, que é tanto feliz como infeliz. É assim, diz ele, que a colheita do samsara se fortalece. "Ai! Que lástima!"

Estamos todos sujeitos às leis de causa, condição e efeito e, sendo assim, nenhum de nós desfruta de uma independência real. Fazemos um grande o esforço para reunir as causas e condições que nos trarão o tão ambicionado "sucesso" ou "divertimento", mas esquecemos que essas mesmas causas e condições funcionam de forma similar aos antibióticos. Quando tomamos antibióticos, por um lado nos sentimos melhor com o alívio de alguns sintomas, mas, por outro, nos sentimos pior, porque os próprios antibióticos perturbam outras partes do corpo. Sem saber disso, tudo o que fazemos em busca de independência, riqueza e sucesso também é a causa de todas as causas e condições subsequentes que experienciaremos e que então irão determinar e controlar a direção que nossa vida seguirá. Por isso, não podemos garantir que nossos planos terão o resultado planejado.

Quando experienciamos o que nossa percepção limitada descreveria como "circunstâncias favoráveis" — se entramos na universidade que era nossa primeira opção ou conseguimos o emprego dos sonhos — atribuímos a boa sorte ao trabalho árduo; e quando um evento desagradável nos arrasta por um rumo inesperado, ficamos confusos. Esquecemos que durante o processo de reunir as causas e condições para o sucesso, também plantamos causas que resultam em situações que não são bem-vindas. Nossos planos podem dar certo uma, duas, até uma dúzia de vezes, mas, como somos totalmente vulneráveis a causas e condições que estão além de nosso controle, sempre existe a possibilidade de darem errado.

Ironicamente, o sucesso na vida mundana exige a reunião de causas e condições específicas, tais como boa educação, sócios honestos e uma consultoria legal confiável, entre outras coisas, mas, no processo, o próprio mecanismo que nos permite reunir essas causas e condições também nos torna vulneráveis a elas. E é isso que esquecemos. Estamos convencidos de que somos invulneráveis e, a não ser que essa falsa noção de segurança seja abalada, será muito difícil sermos pessoas genuinamente espiritualizadas. É somente quando aceitamos nossa vulnerabilidade que conseguimos abandonar a falsa suposição de que a vida sempre será como planejamos.

Em última instância, para atingir a iluminação precisamos exaurir *todo* o carma, tanto positivo como negativo, não apenas coletar o máximo possível de carma positivo e nos livrar do negativo. O carma é, por natureza, condicionante e, uma vez que todas as nossas ações são condicionadas pelo carma, elas são diametralmente opostas à nossa independência. Portanto, é impossível que qualquer um de nós seja verdadeiramente independente.

Assim, pensar sobre causa e efeito todos os dias antes de começar a praticar não serve meramente para adquirirmos conhecimento sobre as complexas funções e os sistemas do carma, mas para nos lembrarmos de que não temos nenhum controle sobre nada.

O que também nos leva ao próximo tópico: os defeitos do samsara.

4. OS DEFEITOS DO SAMSARA

Os seres sencientes, como o bicho da seda, criam suas próprias armadilhas e morrem nelas. Pense, por exemplo, em como lidamos com o conceito de dinheiro. Historicamente, os seres humanos sempre foram diligentes ao extremo no desenvolvimento dessa abstração particular, e nossa vontade de sofrer em nome desse conceito parece insaciável.

A dor causada por um ácido derramado na pele é o tipo de sofrimento grosseiro que é relativamente fácil de ser imaginado, mas há um amplo espectro de sofrimentos que só enxergamos depois que passamos por eles. O mais difícil de tudo é identificar e compreender a *causa* de nosso sofrimento, especialmente quando se trata de algo que, até há pouco, considerávamos "bom". Uma economia mundial robusta, por exemplo, é amplamente elogiada por nossos especialistas financeiros mais famosos como sendo uma coisa muito boa, e é verdade que, em um ambiente econômico saudável, produtos maravilhosos se tornam disponíveis para nós. Contudo, para aqueles que vivem do outro lado de um boom econômico, a vida provavelmente não é nada boa, muito menos maravilhosa.

Com frequência ouvimos o clichê "A vida é maravilhosa!", mas será mesmo? Pensar que a vida dos outros é uma maravilha é, no melhor dos casos, uma visão romântica demais; e, se você escolheu ver as coisas desse modo, ainda não entendeu nada sobre a primeira verdade nobre, "conheça o sofrimento". Na realidade, uma vez que a vida é feita de vastas quantidades de fenômenos compostos que estão perpetuamente à deriva e sempre mudando, ela só pode ser inundada de sofrimento, pois os fenômenos compostos, inevitavelmente, causam incerteza e decadência, desmantelando tudo o que estimamos. O que há de tão maravilhoso nisso?

A incerteza é uma das falhas mais cruéis do samsara. Hoje em dia, as pessoas raramente acreditam no sofrimento intenso experienciado pelos seres nos reinos dos infernos e dos fantasmas famintos, quando leem livros como *As palavras de meu professor perfeito*. Preferimos voltar a nosso ceticismo habitual e acusar Patrul Rinpoche de usar táticas de intimidação, como as outras religiões que usam os ensinamentos sobre castigos infernais e condenação a penas eternas para assustar os seguidores e mantê-los na linha. Não queremos acreditar em inferno. Em vez disso, decidimos acreditar que os dezoito infernos são conceitos budistas abstratos, sem sequer suspeitar que os sofrimentos dos infernos, como também de todos os outros reinos, podem ser vistos e experienciados aqui mesmo no reino humano.

No mínimo, um exame mais aprofundado da mentalidade de pobreza vigente, que contamina a maior parte dos seres humanos (sempre precisamos mais de tudo e nos estressamos por nada) enquanto ocupamos todos os momentos do dia e nunca conseguimos relaxar mostra claramente como a existência humana é penosa.

Contemplar fundamentos comuns é extremamente benéfico para todos os praticantes, e em especial para os principiantes, pois eles formam a base de um dos métodos mais louvados para fazer a mente se voltar para o Darma e se afastar dos valores mundanos.

5
Use a imaginação

Prática de visualização

A técnica da visualização é empregada ao longo de toda a prática do ngondro e o uso da imaginação a torna muito diferente de outras meditações, como por exemplo a prática de shamata. A imaginação também tem um papel importante em nossa experiência deludida da vida. Tudo que encontramos e percebemos na vida cotidiana é produto de nossa imaginação, mas, como acreditamos nas ilusões que criamos, elas se tornam hábitos mentais tão profundamente arraigados que esquecemos por completo que são pouco mais do que uma fantasia. Assim, a imaginação é uma de nossas ferramentas mais potentes e trabalhar com ela, mudando e enfraquecendo nossa maneira de olhar o mundo, é o que chamamos de "prática de visualização".

Um pequeno problema para principiantes é que o uso do termo *visualização* pode ser um pouco enganoso. Em geral, as pessoas pensam que visualizar é focar em uma imagem e retê-la no "olho da mente". A aparência física, porém, é apenas um dos elementos da prática de visualização, e de forma alguma a história toda. A atitude e a compreensão de um indivíduo mudam de acordo com sua situação e educação. Até pouco tempo atrás, os mestres budistas que cresceram no Tibete consideravam que as verduras, os legumes verdes e a grama eram forragem para os animais, e nunca lhes passaria pela cabeça comer nada daquilo. Agora que os tibetanos já estão familiarizados com a alimentação fora do Tibete, a atitude deles mudou, e é precisamente com esse tipo de mudança de percepção que trabalhamos na "meditação da criação".

Outro exemplo pode ser encontrado na internet. Em geral, as fotos eróticas são bem pequenas, não chegando nem perto do tamanho natural. Logicamente, é difícil acreditar que imagens tão pequenas possam excitar seres humanos vivos e respirando, mas é o que acontece. Nossos hábitos são tão arraigados que, depois de nos programarmos para responder a um tipo específico de imagem, ela terá consistentemente o poder de nos excitar ou nos deixar com raiva, tristes ou deprimidos, mesmo quando a vemos na telinha de 14cm x 8cm do YouTube. Até certo ponto, é assim que a visualização funciona, e nem o tamanho e nem o assim chamado realismo têm algo a ver com isso.

Se você contar a um amigo que tudo o que vemos a nosso redor — casas, carros, árvores, lojas — não existe de fato como acreditamos ver, é bem provável que ele pense que você finalmente pirou de vez ou que é, na melhor das hipóteses, terminalmente irracional. Contudo, de acordo com a teoria vajrayana, sua percepção deste mundo é única; ela não é vista ou experienciada da mesma forma por ninguém mais, porque o que você vê não existe externamente.

É comum que os alunos do vajrayana que nasceram e cresceram no mundo moderno tenham dificuldade com a prática de visualização. Eu penso que parte do problema é que os professores tibetanos como eu supõem que todos os seres processem as coisas como os tibetanos. Ensinamos você a imaginar o Buda como ele é tradicionalmente representado no Tibete, coberto com ornamentos que são valorizados por e transmitem significados específicos para os tibetanos. No entanto, o objetivo da prática de visualização não é a de nos transformar em perfeitos conhecedores da iconografia tibetana.

O objetivo principal da prática de visualização é purificar nossa percepção comum e imperfeita do mundo dos fenômenos, desenvolvendo a "percepção pura." Infelizmente, no entanto, percepção pura é outra noção que tende a ser mal compreendida. Os alunos com frequência tentam recriar em suas mentes uma imagem fotográfica de uma pintura tibetana, com deidades bidimensionais que nunca piscam os olhos e estão cercadas por nuvens congeladas no espaço, ou cujas consortes parecem bebês crescidos. Praticar essa versão errada de visualização é incutir em você mesmo uma forma de percepção muito pior do que aquela com que você nasceu e, nesse processo, o objetivo da percepção pura é destruído por completo.

O que, então, significa "percepção impura"? Como já vimos, "impuro" não significa que o objeto de nossa visualização esteja sujo, poluído ou maculado; a impureza não está "lá fora". "Impuro" nesse contexto significa que o problema está "aqui dentro". Olhamos o mundo através de filtros emocionais que rotulamos de "desejo", "inveja", "orgulho", "ignorância" e "agressão". Tudo o que percebemos é colorido por miríades de variações dessas cinco emoções, muitas das quais sequer têm nome. Imagine que você vá a uma festa e note uma pessoa que você acha atraente. O seu filtro da paixão rapidamente se encaixa no lugar e você de imediato rotula essa pessoa "desejável". Se outra pessoa se colocar entre vocês, o filtro da agressão é ativado e você a rotula como "horrível". Conforme a noite passa, outras pessoas provocam suas inseguranças, levando-o a julgá-las, fazer comparações, defender suas escolhas e reforçar seu orgulho, menosprezando-as; tudo isso é desencadeado pelo filtro da "ignorância profunda". E a lista continua a se perder de vista.

Todas essas diferentes percepções surgem em nossas próprias mentes e são depois filtradas através das emoções. Na verdade, tudo o que experienciamos, seja grande ou pequeno, sempre conduzirá à decepção, porque nos esquecemos perpetuamente de que tudo que percebemos é produto de nossas mentes, e nos fixamos, ao invés disso, em percepções "lá fora", convencidos de que elas são reais. É com isso que trabalhamos durante a prática de visualização vajrayana.

Tudo é uma questão de treinar a mente, e um dos muitos métodos oferecidos pelo shravakayana é abandonar o apego ao "eu", disciplinando o corpo e a fala por meio de vários métodos que já foram mencionados como, por exemplo, raspar a cabeça, mendigar, usar hábitos cor de açafrão e se abster de todos os tipos de atividades mundanas, como casar ou ter relações sexuais. No bodisatvayana, treinar a mente consiste em treinar o corpo e a fala e, além disso, meditar sobre a compaixão, desenvolver a boditchita etc. Por fim, o vajrayana, além de treinar a mente por meio da disciplina e da meditação sobre a compaixão, também oferece métodos para transformar nossa percepção impura em percepção pura.

A DISSOLUÇÃO DE UMA VISUALIZAÇÃO

Em última instância, o objetivo mais importante do Budadarma, em especial do bodisatvayana, é a realização da não dualidade. Um dos métodos mais eficientes para atingir essa realização é a prática de visualização, e central a essa prática é a dissolução das deidades e dos gurus, que se fundem e se tornam um com o praticante. Mas, como funciona essa prática?

Imagine o reflexo da Lua em um espelho ou lago. Embora o reflexo seja perfeitamente claro, continua sendo apenas um reflexo e não uma visão direta da Lua que, de algum modo, teria sido submergida na água ou inserida no espelho. Outro exemplo é o arco-íris. Podemos ver o arco-íris nitidamente, mas, ao mesmo tempo, ele é vazio de realidade intrínseca; em outras palavras, o arco-íris é vazio, mas, ainda assim, podemos vê-lo. O reflexo da Lua e o arco-íris são, ao mesmo tempo, vazios e visíveis.

Portanto, "não dualidade" aqui significa a não dualidade de aparência e vacuidade; nada do que percebemos, o guru, o aluno e todo o resto, existe de fato externamente. Até alcançarmos a realização completa da não dualidade, o exercício de dissolver ou fundir a deidade ou o guru em nós é uma ferramenta muito útil, além de ser um método que funciona bem quando você deseja receber bênçãos, iniciações ou alguma inspiração.

Muitas vezes, porém, os praticantes têm dificuldade com essa parte da prática, porque tendem a ficar pensando em todas as teorias sobre visualização e dissolução que aprenderam, quando supostamente deveriam estar praticando. Esse é um bom exemplo de como abarrotar sua cabeça de conceitos pode prejudicar seu progresso espiritual; é por isso que nos dizem que na hora de praticar devemos deixar toda a teoria de lado.

O melhor conselho aqui é ser prático. A prática espiritual é um pouco como andar de bicicleta. Depois de aprender, você não precisa revisar a teoria do funcionamento das engrenagens ou calcular a melhor altura do selim a cada vez que sair para dar uma volta. Tudo que você precisa fazer é montar na bicicleta e começar a pedalar. O mais importante nessa prática é você fazer o melhor possível. Não se preocupe muito se está fazendo certo ou errado. Mais cedo ou mais tarde, você vai pegar o jeito.

As instruções essenciais são extremamente pragmáticas: simplesmente faça! Isso faz com que consumar a realização da não dualidade seja um pouco como aprender a dirigir. Não importa o quanto isso pareça impossível no início, depois de passar semanas aprendendo onde estão todos os botões e alavancas do carro, chegará o momento em que você não terá outra opção a não ser deixar o manual de lado, ligar o motor e dirigir. O mesmo acontece com a prática de visualização. No início, a dissolução pode ser mais como jogar uma maçã dentro de um saco do que fundir-se com o guru, mas, a não ser que você se arrisque e tente, nada vai mudar. Com a prática, o guru ficará cada vez menos parecido com uma maçã e mais parecido com um copo de água que você despeja dentro de um balde de água — uma indicação de que você está começando a entender um pouco melhor o processo da não dualidade.

Mais cedo ou mais tarde, você compreenderá que a dissolução acontece de forma similar à união entre um espaço anteriormente contido em um recipiente e o céu — e essa é a parte da prática que muitos alunos não entendem bem. Imagine um pote de barro. O pote é ao mesmo tempo cercado e preenchido por espaço. Quando o pote quebra, o espaço que estava dentro se mistura com o espaço que estava fora e os dois se tornam inseparáveis. Não é possível distinguir entre o espaço "de dentro" e o espaço "de fora"; espaço é apenas espaço e não há como saber onde uma parte dele começa ou termina. É assim que o praticante e o guru se dissolvem um no outro e se tornam inseparáveis.

Como agora você não consegue deixar de ver o guru ou o Buda como um ser independente e distinto de você, tente lembrar que o que você vê é exclusivo a você, e tudo o que qualquer um de nós vê, escuta e pensa é baseado em nossa própria interpretação pessoal. Esse é o princípio que forma a base de toda teoria filosófica budista, e é por causa dele que a prática de visualização funciona. A Louise pode pensar que é "Louise", mas ela nunca descreveria a si mesma como uma "visualização da Louise", embora seja exatamente isso que ela é. Na verdade, todos nós somos uma visualização de nós mesmos.

Muitas vezes, as pessoas questionam se a visualização é um método inspirado na cultura ou se, de certa forma, é teísta. Como já vimos, porém, é um equívoco visualizar Guru Rinpoche ou Vajradhara da forma que são representados em tangkas tibetanas. Mesmo que todos pudessem usar exatamente a mesma tangka, cada percepção individual seria diferente, e nada parecida com aquilo que o artista imaginou. Assim, devemos ser um pouco ousados quando visualizamos Guru Rinpoche ou qualquer outra deidade. Guru Rinpoche é um ser sublime e superior e, em geral, um dos aspectos de "sublime" é ser "belo" ou, pelo menos, muito bonito. No entanto, "bonito" para uma pessoa pode ser "feio" para outra, porque, mais uma vez, nossas interpretações são muito diferentes. Com certeza, os americanos, mexicanos e búlgaros não precisam aprender o que é "bonito" para os tibetanos. Tudo o que podemos fazer é usar da melhor forma possível nossa própria interpretação. E não se esqueça de que, mesmo ao ler estas palavras, a mente que está interpretando este texto é a *sua* mente, e essa interpretação é baseada em *seus* hábitos e percepções. Você pode achar que compreendeu o que eu quero dizer com "bonito", mas não é o caso; o que aconteceu foi que você criou sua versão do que você pensa que eu quero dizer com "bonito".

Outro ponto importante é que não visualizamos as deidades segurando um vajra ou uma kapala por razões estéticas ou porque os objetos rituais sejam especialmente úteis. Alguns alunos se perguntam se deveriam visualizar as deidades segurando coisas mais modernas, talvez um iPad ou um iPhone. Mas os atributos, ornamentos e implementos associados a cada deidade têm significados simbólicos importantes e devem, portanto, permanecer intactos, exatamente como são descritos nos textos sagrados.

Sabemos muito pouco sobre a aparência física de muitos dos grandes mestres. Ninguém sabe como Guru Rinpoche era fisicamente. Se você pesquisar em todos os textos budistas tibetanos, não encontrará uma única descrição definitiva de suas feições. Há uma fotografia famosa de uma estátua de Guru Rinpoche que é chamada "Parece comigo", mas várias outras estátuas de Guru Rinpoche igualmente famosas são bastante diferentes.

Devemos também lembrar o que Buda disse no *Sutra do Diamante* (também conhecido como o *Sutra Lapidador de Diamantes*):

Os que veem meu corpo como uma forma comum,
E ouvem minha voz como um som comum,
Seguem um caminho equivocado.
Tais pessoas não me veem de fato.[6]

Há um ponto que não é muito enfatizado nos ensinamentos gerais sobre o ngondro e que é normalmente mencionado apenas no contexto de prática de sadhana: na visualização que você cria na mente, a imagem da deidade deve ser clara, vibrantemente viva e selada com o reconhecimento da não dualidade. Para dar a você uma ideia do que isso significa, tome o exemplo de uma visualização em que Guru Rinpoche é tão pequeno quanto uma semente de gergelim e está sentado em um palácio tão grande quanto o Monte Meru ou, em alguns casos, quanto o universo. Soa esquisito e feio, mas, na prática, funciona perfeitamente, porque o recipiente não é grande demais nem o conteúdo pequeno demais, e a diferença de tamanho entre a semente de gergelim e Guru Rinpoche não é um problema. Outras visualizações consistem em imaginar o palácio tão pequeno quanto uma semente de gergelim e Guru Rinpoche do tamanho de todo o universo, mas, ainda assim, ele cabe confortavelmente no palácio minúsculo. Esse é um exercício de não dualidade e é muito usado na visualização.

Como enfatizou Gedün Chöpel, os praticantes do vajrayana devem se acostumar a acreditar no inacreditável. Métodos tântricos de visualização frequentemente envolvem criar no "olho da mente" um inferno ardendo em chamas, no centro do qual uma deidade está sentada sobre uma frágil flor de lótus e um fresco assento de lua, abraçando uma consorte extremamente apaixonada e cercada por uma turba incontrolável de deidades raivosas brandindo implementos mortais. Apesar disso, o calor e as chamas não causam qualquer dano e ninguém se machuca. Uma análise racional dessa situação só pode resultar em descrença, visto que tudo na cena é contraditório, e nada daquilo poderia existir em nossa realidade cotidiana. A questão, porém é que os praticantes tântricos devem se habituar a acreditar no inacreditável. Nosso objetivo é unir e dissolver sujeito e objeto, para que se tornem um: o desejo com a raiva, o calor com o frio, o limpo com o sujo, o corpo com a mente. Isso é conhecido como "a união de jnanas e kayas", e é a união suprema.

Gedün Chöpel também disse que não é porque acreditamos piamente no que existe que não entendemos noções inexprimíveis como "dharmadhatu". Pelo contrário, é porque *desacreditamos* piamente no que *não* existe. Mas levará um bom tempo até que esse novo conceito de não dualidade seja inserido em nosso sistema extremamente rígido de dualidade.

CAMPO DE MÉRITO

Em geral, a visualização consiste em criar primeiro um campo de mérito, cujos detalhes dependerão da tradição do ngondro que você está seguindo.

Como principiante, tente não ficar paranoico demais com cada mínimo detalhe da visualização, a não ser, claro, que você ache os detalhes inspiradores. Nunca se esqueça de que tudo o que você visualiza é, em si, uma ilusão, uma invenção de sua imaginação baseada na interpretação que sua própria mente faz de vários fragmentos de informação. O crucial aqui é que as ilusões não existem verdadeiramente.

O que é "um campo de mérito"? Suponha que você deseje enriquecer e precisa de algum tipo de capital inicial: um fazendeiro precisa de um campo onde possa plantar as sementes ou colocar o rebanho para pastar, e um homem de negócios precisa de um empréstimo ou de investidores para financiar o novo empreendimento. Da mesma forma, as pessoas que seguem um caminho espiritual precisam acumular mérito, porque desejam libertar a si próprias e a todos os outros seres que sofrem na teia do samsara. Para isso, são usados dois campos de mérito, um de seres sublimes e outro de seres sencientes, e é por intermédio deles que, algum dia, nos será permitido colher o fruto da iluminação.

Portanto, ambos os campos de mérito são empregados durante toda a prática de ngondro. Visualizamos o campo de mérito sublime dos budas e bodisatvas e consideramos que eles nos apoiam, dando-nos todo o poder, compaixão e onisciência de que precisamos para conduzir todos os seres sencientes à iluminação. Visualizamos os seres sencientes no campo de mérito comum, e sentimos compaixão por cada um deles. Desse modo, acumulamos mérito por meio dos dois campos. Portanto, os praticantes devem ter sempre em mente que quando acumulamos mérito por meio da prática relativa estamos sempre ou rezando para os budas, ou oferecendo compaixão para os seres sencientes; de um jeito ou de outro, esses dois campos de mérito sempre farão parte de todas as nossas práticas.

Perguntas comuns

Perguntas sobre como exatamente visualizar o guru à sua frente surgem o tempo todo. A que altura acima de minha cabeça ele deve ficar? Ele deve estar de frente para mim? Ele deve estar voltado para a mesma direção que eu? Mais uma vez, o melhor conselho é não ser meticuloso demais. O caminho vajrayana é não dual. Na verdade, o principal objetivo da prática é consumar essa não dualidade, então, durante o processo precisamos aprender a ser o mais abertos e relaxados que pudermos em relação a todos os detalhes.

Dito isso, podemos ser específicos em relação a certos elementos. Por exemplo, no contexto do ngondro, quando visualizar Vajrasatva sentado acima de sua cabeça, imagine que ele está voltado para a mesma direção que você. Quando você estiver fazendo uma sadhana de guru ioga, uma vez que seres deludidos costumam imaginar que uma pessoa que senta ou fica em pé em um lugar mais elevado que os outros é melhor ou mais poderosa, visualize o guru e seu séquito um pouco acima de você e imagine também que todos eles estão olhando para você.

Em outras práticas, talvez você ache mais eficaz imaginar seu guru acima de sua cabeça ou sentado dentro de seu coração. Os ensinamentos mencionam até mesmo visualizar o guru em sua garganta, porque assim, quando você comer ou beber, estará automaticamente fazendo oferendas a ele. A escolha entre visualizações possíveis é ilimitada.

6

Por que precisamos de um guru?

Hoje em dia, os que aspiram a praticar o Darma são muito afortunados. Eles têm à mão uma quantidade enorme de informações sobre o Darma na forma de livros, gravações, páginas da web e vídeos, e tudo isso pode ser bastante útil. Contudo, as informações são apenas uma parte do que é necessário para quem se propõe seriamente seguir um caminho espiritual. Para seguir os ensinamentos do Buda de forma integral e plena, primeiro você deve ser aceito como aluno por um mestre espiritual, um guru. Então, ele lhe dará conselhos bem específicos sobre o que você precisa fazer no caminho para a iluminação e quando precisa fazê-lo — isso fará com que você economize muito tempo e esforço.

Começar um caminho espiritual é um pouco como planejar uma viagem — a Machu Picchu, por exemplo. Alguns viajantes iniciam o projeto investindo muito tempo na leitura de guias de viagem e em pesquisas na internet sobre o melhor itinerário e sobre onde ficar — até certo ponto, esse é um método que funciona. Outros preferem um método muito mais simples e seguro: pedir a alguém conhecido e de confiança que já tenha ido a Machu Picchu para ir junto com eles a fim de lhes mostrar o caminho. De modo semelhante, aqueles que querem seguir o caminho budista para a iluminação devem confiar naquilo que os ensinamentos chamam de "quatro autênticos": (1) as palavras autênticas do Buda (seus ensinamentos); (2) os esclarecimentos autênticos dos ensinamentos, que podem ser encontrados nos shastras (comentários) escritos por grandes mestres do passado; (3) os esclarecimentos adicionais, que são resultado de experiências pessoais autênticas; (4) um guru autêntico, para que essa experiência encontre uma expressão.

Na prática, isso significa que um mestre budista autêntico compartilhará sua experiência pessoal autêntica dos ensinamentos e da prática, que foram esclarecidos por descrições relevantes em shastras autênticos e que representam com precisão as palavras autênticas do Buda. E, como um guru autêntico é o elemento fundamental nesse processo, é essencial que os alunos tenham confiança absoluta no guru e devoção a ele.

Examine o guru

Como podemos saber se o guru que encontramos é autêntico ou não? O método mais prático e fácil é aplicar a lógica e o bom senso. O guru é egoísta, autocentrado e interessado demais na vida samsárica? Se for, talvez não seja o guru para você. Quando você encontrar um guru que não tenha interesse na vida samsárica e seja também um ótimo praticante do Darma, você ainda deve se perguntar: ele é compassivo o suficiente para se interessar genuinamente pela *minha* iluminação?

Um guru pode inspirá-lo de diversas formas, por exemplo, com seu cheiro, seu sorriso, suas roupas ou porque vocês dois torcem pelo mesmo time de futebol. Qualquer coisa que inicialmente o atraia ao guru, por mais superficial que seja, tem o potencial de criar uma conexão entre vocês. Tendo criado essa conexão, é importante que você o examine bem. Esse conselho foi dado pelo próprio Buda que, muito antes que a celebração da liberdade de expressão se tornasse moda no mundo moderno, demonstrou o quanto ele respeitava o poder da lógica e do raciocínio ao enfatizar a importância de não seguirmos cegamente um professor. Ele recomendou com veemência que examinássemos o guru até a exaustão. Além disso, hoje em dia devemos estar cientes de toda a bagagem cultural que acompanha os ensinamentos espirituais.

A globalização está fazendo o mundo parecer menor, e um dos indícios de que um país do Primeiro Mundo vive sob uma democracia é que os governantes precisam, imprescindivelmente, operar com transparência. É um princípio sensato, mas a imposição da transparência não é necessariamente benéfica. Nos últimos anos, alguns lamas tibetanos têm enfrentado muitas críticas que, de uma forma geral, se originaram em jornais europeus e americanos. Recentemente, uma jornalista escreveu que os lamas tibetanos são muito materialistas, e eu fiquei um pouco na defensiva quando li o artigo pela primeira vez. Depois, li o artigo novamente e devo admitir que ela tinha alguns argumentos bons. Ela descreveu como os lamas tibetanos repreendem seus alunos ricos por serem muito gananciosos e, em seguida, chamou a atenção para as quantias de dinheiro que esses mesmos lamas sugam de seus patrocinadores do Primeiro Mundo para levar para o Nepal ou Índia, onde compram carros muito caros e relógios de ouro. E ela está certa, isso acontece o tempo todo. De um ponto de vista um tanto limitado, pode-se argumentar que, se todos os lamas importantes vendessem seus porta-xícaras de prata e de ouro, é provável que os ganhos da venda serviriam para alimentar centenas de crianças famintas durante meses.

Contudo, antes de julgar com tanto rigor esses lamas que usam relógios Rolex, não devemos esquecer que muitos monges que aparentam ser simples e humildes podem, na realidade, estar se escondendo atrás de uma máscara de hipocrisia. Alguns lamas chegam a ficar paralisados de medo com a mera sugestão de que sua imagem de humildade e simplicidade, construída com tanto cuidado, seja exposta como uma fraude. A imagem de pessoa simples e humilde é tão importante para eles, que, se fossem algum dia acusados de esconder uma "face" diferente, sofreriam tremendamente. Desse ponto de vista, admiro os lamas que fazem o que querem sem se importar em cultivar uma imagem humilde e, se eles querem usar quatro relógios Rolex de ouro, que usem! Devemos ter cuidado, no entanto, com o tipo de raciocínio e lógica que empregamos ao examinar os gurus.

Os professores se manifestam para inspirar os alunos

Um bom professor sabe como ensinar com eficiência, mas um grande professor inspira os alunos de todos os níveis, desde os principiantes até os praticantes mais experientes, cujas fontes de inspiração mudam à medida que se tornam mais sofisticados espiritualmente. Nosso mundo é crítico e todos sabemos que, quando um presidente americano ou um esportista multimilionário é pego fazendo alguma coisa remotamente suspeita, seus rivais e, principalmente, a mídia fazem um grande estardalhaço. O mesmo tipo de mente crítica é muitas vezes dirigida ao guru, quando os alunos tentam avaliar seu valor com base em suas próprias versões de como uma pessoa íntegra e confiável deve se comportar. O problema, porém, é que quanto mais maduro espiritualmente um aluno se torna, mais elevadas são as verdades que ele busca e, ao longo do tempo, um guru deve necessariamente ser capaz de fornecer diferentes tipos de inspiração. Muitas vezes o principiante sente-se inspirado pela humildade e simplicidade do guru. Mais tarde, porém, quando chegar a hora de romper com conceitos, se um guru estiver preso à aparência e ao caráter de um renunciante "detentor da moral", ele será incapaz de ser desafiador o suficiente para quebrar as barreiras que inibem o progresso do aluno.

A predisposição à inspiração e a tendência à indiferença são reações relativas: uns se inspiram com a imagem de um monge sereno que segura entre as mãos a tigela de mendicância; outros, com um iogue meio bêbado e seminu. Certos praticantes vajrayana sentem-se mais inspirados com a visão de um guru que usa roupas bizarras, exibe joias de ouro e quebra as regras de etiqueta social do que com a visão de um monge perfeito, o que também demonstra que as fontes de inspiração são relativas e subjetivas. Além de cada um de nós encontrar inspiração em coisas diferentes, algo que inspirou uma pessoa quando ela era adolescente pode deixar de fazer efeito quando essa mesma pessoa chegar aos quarenta anos.

Portanto, por mais que se examine com cuidado cada guru, por mais que se tente avaliar seu valor e por mais lógico e sensato que seja nosso raciocínio, é importante lembrar que todos os métodos são limitados e que confiar 100% em nossa própria lógica e análise seria extremamente insensato.

O guru

A palavra sânscrita "guru" significa, entre outras coisas, "professor" ou "mestre", e representa nesse caso uma pessoa que ensina e transmite conhecimento, como um mestre carpinteiro ensina o aprendiz. Imagine que você esteja desempregado, não tenha qualquer talento especial e precise alimentar uma família numerosa. Um dia, um carpinteiro se oferece para ensiná-lo a trabalhar com a madeira. Depois de trabalhar uns meses com ele, seus vizinhos começam a pagar por seus serviços de carpintaria. Imagine o quanto você seria grato ao professor que lhe deu um meio de subsistência e o valor que você daria à ajuda recebida. No caminho espiritual, só é possível atingir a iluminação espiritual completa — um projeto bem mais amplo do que simplesmente alimentar barrigas vazias — com a ajuda de um guru. Então, quando encontramos um professor disposto a nos aceitar como alunos e nos ensinar, devemos sentir uma gratidão sem limites.

Os textos vajrayana afirmam que, para aqueles que buscam a iluminação, o guru é mais importante do que todos os budas dos três tempos juntos. A tarefa do guru não é apenas ensinar alunos, mas também guiá-los. Ele é nosso companheiro mais importante, nossa família, marido, mulher e filho amado, porque ele é o único que pode nos levar à iluminação.

É lamentável que ultimamente a palavra *guru* tenha quase perdido seu sentido original. Os seres deludidos destes tempos são ávidos por tudo que seja puro e imaculado, então eles corrompem o princípio do guru, o rejeitam e depois partem atrás de outro tesouro perfeito para devastar. Isso já aconteceu demais e, como resultado, o mundo moderno desconfia dos gurus e eles são frequentemente ridicularizados na cultura popular. Mas, para quem leva a sério o caminho espiritual, nada substitui ser guiado por um guru.

Seguimos um caminho espiritual porque desejamos derrotar nossas emoções e atingir a iluminação; para alcançar esse objetivo, precisamos de disciplina, orientações e coragem para enfrentar tudo aquilo que tentamos evitar durante muitas vidas. E é exatamente isso que o guru nos oferece quando desafia nossos preconceitos, perturba nossa vida e, principalmente, quando se nega a satisfazer todos os desejos de nosso ego. Portanto, como recomendou com veemência Jigme Lingpa, devemos examinar muito bem o guru antes de lhe dar carta branca para torpedear nossa vida, pois é indispensável que tenhamos confiança absoluta nele. Infelizmente, poucas pessoas hoje em dia se detêm a esses detalhes, e esse estágio do processo é muitas vezes ignorado.

O que leva o aluno a procurar um guru?

O que leva o aluno a procurar um guru? Idealmente, desejar a iluminação para si e para todos os seres sencientes. No início, no entanto, é raro que alguém tenha essa aspiração. Em geral, as pessoas começam a se interessar por uma perspectiva espiritual quando enfrentam uma tragédia, dor física ou prognóstico desesperador, pois é somente quando reconhecemos que a vida está completamente entulhada de sofrimentos infinitos que nos aterrorizam e apavoram é que procuramos maneiras de evitá-los. Nesse contexto, quando esbarramos em um guru pela primeira vez, vemos apenas uma pessoa que pode ouvir nossas reclamações e lamentos, uma pessoa com quem conversar ou, talvez, alguém para quem rezar — ou seja, um tipo de substituto para o psiquiatra, para o psicólogo ou mesmo para Deus. Pode demorar um pouco, mas, em algum momento, percebemos que a única saída para essa existência dolorosa é a iluminação, e que é somente seguindo um caminho espiritual e encontrando um mestre espiritual que podemos atingir a iluminação.

Uma fome de iluminação nos ajuda a desenvolver uma devoção genuína pelo caminho espiritual, mas essa aspiração é difícil de evocar e manter. Talvez a devoção surja de vez em quando em nossas mentes superlotadas, mas logo é contagiada pelas muitas emoções que são suas vizinhas. Ainda assim, embora experienciemos apenas fragmentos de uma devoção autêntica, seu valor é incalculável, pois até o menor vislumbre pode nos conduzir ao caminho certo.

Em teoria, saímos em busca de um guru porque desejamos a iluminação, mas, na prática, os alunos sentem-se atraídos pelo guru pelas mais variadas razões. Por exemplo, o guru pode ter um físico maravilhoso, uma bunda firme irresistível ou uma voz agradável, e talvez esses sejam os únicos critérios que nos chamam atenção. Uma vez que tenhamos sido fisgados, entretanto, devemos tentar converter essa atração comum em devoção e seguir nosso guru porque desejamos a iluminação. Se conseguirmos ajustar a motivação dessa maneira, nossa relação com o guru nunca será abalada. Todavia, se nossa motivação estiver maculada pelo desejo de ganho material ou por qualquer outro desejo mundano, não haverá como a relação dar certo. A motivação errada leva a expectativas falsas, que nenhum guru poderá jamais satisfazer. Então, mesmo que imaginemos seguir um caminho espiritual, essa motivação errada fará com que continuemos a passar por todas as mesmas decepções mundanas pelas quais sempre passamos quando nossos planos samsáricos são despedaçados.

Gradualmente, conforme a relação amadurece, começamos a perceber o guru não somente como mestre, mas também como a chave para o caminho espiritual. Ele deixa de ser a pessoa que nos dá listas de livros e responde a nossas perguntas intermináveis e passa a ser nada menos do que a corporificação de nossa natureza búdica manifesta. Como a natureza búdica é tão abstrata que é virtualmente impossível nos conectarmos com a nossa própria, pedimos ao guru, que é o reflexo de nossa natureza búdica, para fazer isso por nós. Essa é apenas uma forma de "fazer do guru o caminho".

No vajrayana é dito que o guru é o Buda, o guru é o Darma e o guru é a Sangha. *Guru* aqui não significa apenas o guru externo, mas também o interno e o secreto. Portanto, no nível mais profundo, o guru não é apenas nosso professor, mas todo o caminho espiritual.

O guru é o Darma

Nos sutras, o mesmo conselho sobre a maneira de seguir um guru (também conhecido como as quatro dependências) é repetido muitas vezes: não dependa da pessoa, mas do Darma que ela ensina; não dependa do significado superficial das palavras, mas de seu significado pleno e completo; não dependa dos ensinamentos que necessitam de interpretação, mas dos ensinamentos absolutos; e, não dependa da mente, mas da sabedoria.

Na vida cotidiana, raras vezes somos bem-sucedidos quando julgamos os outros apenas pela aparência e comportamento; no caminho espiritual, nunca é bom se fiar demais na personalidade e caráter do guru. Tendo analisado minuciosamente o guru e decidido fazer dele seu caminho, o importante deixar de vê-lo como uma "pessoa", pois, a partir de então, o guru é o Darma.

Não questione sua decisão

Embora tenha encontrado um guru, esteja convencido de sua autenticidade e tenha sido aceito por ele, depois de algum tempo você poderá começar a questionar sua decisão. Talvez sua análise do guru tenha sido incompleta? Será que você realmente examinou tudo o que havia para ser examinado em relação ao caráter e estilo de vida do guru? Se você tem muito tempo livre e quer dar satisfações a cada um de seus pensamentos discursivos, continue a analisar o guru pelo tempo que desejar. Mas, se você está impaciente para chegar à outra margem (à iluminação) e reconhece que o tempo é curto, o método mais rápido é simplesmente escolher um guru e seguir em frente. Depois de tomar essa decisão crucial, seu guru passa a ser seu caminho, e você deve desenvolver uma devoção inabalável por ele, porque, em se tratando de um mestre vajra autêntico e completamente qualificado, a devoção é um método muito poderoso que, sem dúvida, lhe proporcionará infinitas bênçãos. Antes disso tudo, porém, primeiro é necessário descobrir se o mestre que você está pensando em tomar como seu guru é qualificado e, principalmente, o que de fato significa ser "qualificado".

Jigme Lingpa disse que é muito importante analisar *tanto* o guru *quanto* sua motivação para escolhê-lo. Mas tenha em mente que, quando você for capaz de diferenciar entre um mestre qualificado e um mestre não qualificado, já terá progredido bastante ao longo do caminho. Até lá, no entanto, esse é um aspecto da prática espiritual que pode deixá-lo confuso.

As qualidades que devemos buscar em um guru autêntico

Hoje em dia, os mestres qualificados são raríssimos e, de acordo com Jigme Lingpa, eles já eram raros trezentos anos atrás — as queixas dele sobre a escassez de mestres qualificados continuam a ser estudadas até hoje. Portanto, que qualidades devemos buscar em um guru?

1. UM GURU AUTÊNTICO É TAMBÉM UM PRATICANTE DO DARMA

Muitos dos supostos gurus de hoje em dia são como músicos surdos que não praticam nem têm conhecimento suficiente do Darma para ensinar corretamente. E, se ensinam, nunca praticam o que ensinam.

Longchenpa disse que aqueles que vivem nesta época de degenerescência são mal acostumados, pois nunca estão satisfeitos com a ajuda que recebem. Como um filhote de pássaro que precisa esperar que as penas cresçam e as asas fiquem fortes antes de poder voar, os praticantes precisam se nutrir e amadurecer espiritualmente antes de poder beneficiar os seres sencientes. Além disso, sem um certo nível de onisciência, é quase impossível realmente ajudar os outros. Assim, Longchenpa nos aconselha a prestar a atenção em nos nutrir no início do caminho e a nos lembrar a todo momento de nosso desejo de beneficiar os outros.

Aceitar os conselhos de quem não praticou, disse Kongtrul Rinpoche, é como consultar um livro sobre cura quando você está doente: pode ser uma leitura intelectualmente gratificante, mas, quando precisamos realmente de ajuda — ajuda prática —, um livro é totalmente inútil.

2. UM GURU AUTÊNTICO NÃO ADAPTA OS ENSINAMENTOS PARA TER LUCRO

Propagar o Darma é importante, mas ele nunca deve ser ensinado visando ganhos materiais. Se isso acontecer, o Darma irá perder seu poder e se degenerar, como aconteceu com muitas das tradições de sabedoria antigas. Um exemplo é a moda, que já dura algumas décadas, de praticar ioga indiana como exercício físico. Quantos professores contemporâneos de ioga sequer mencionam a visão e a motivação em que se baseiam as práticas autênticas de ioga? Ou incluem em suas apresentações elementos tradicionais, como fazer prostrações ao guru e cantar orações? Existem uns poucos, mas não muitos. O mais frequente é deixar de lado tudo que há de espiritual na ioga para que as aulas se encaixem melhor nas agendas apertadas dos executivos que se preocupam com a saúde, tornando-as mais lucrativas para os professores. Quando uma atividade como a ioga se transforma numa galinha dos ovos de ouro, logo perde seu caráter espiritual.

Você já teve o prazer de tomar um chá inglês, preparado da forma tradicional e servido em bule e xícaras de porcelana fina? É tão elegante! O chá em si adquire uma nova qualidade quando é recriada a atmosfera tradicional do "chá inglês". No entanto, um chá inglês decente é outra experiência relativamente rara hoje em dia. A maioria das pessoas compra o chá em lanchonetes, servidos em copos de poliestireno com tampa, para beber a caminho do trabalho. Pode ser um método rápido e eficiente de ingestão, mas muita coisa se perde nesse processo. É claro que essas pessoas ficam bem felizes com um chá expresso, mas, para um verdadeiro fanático por chá, o ritual tradicional é imbatível. Da mesma forma, os gurus não devem adaptar o Darma às necessidades de pessoas materialistas e ocupadas, que exigem um "método profissional" de receber ensinamentos que se encaixe no estilo de vida deles. Se isso acontecer, muito do que é crucial para o caminho espiritual autêntico será perdido.

3. UM GURU AUTÊNTICO PERTENCE A UMA LINHAGEM AUTÊNTICA

O grande mestre sakyapa Drakpa Gyaltsen disse que um guru sem linhagem não é capaz de transferir as bênçãos.

A visão fundamental do Budadarma é que nada acontece aleatoriamente e tudo surge de causas e condições, portanto, não temos escolha além de confiar nas causas e condições corretas para alcançar a iluminação. A causa e a condição para encontrar e ser aceito por um professor espiritual são indispensáveis, porque as qualidades espirituais e virtuosas só despertam e crescem na presença de um guru.

A prática de guru ioga não tem nada a ver com o culto a seres externos, e tampouco é um método tedioso para chegarmos à compreensão de que o guru é nosso professor. A guru ioga é a única maneira de construir uma ponte entre nós e a natureza de nossa mente. Logo, é importante encontrar um guru autêntico, mas, além disso, ele também precisa possuir uma linhagem autêntica. Como seres limitados, só podemos medir a eficiência de um caminho e de quem segue o caminho (nesse caso, o guru) consultando registros históricos das experiências espirituais do guru, dos gurus do guru e de todos os gurus que pertencem à mesma linhagem. É muito arriscado confiar em alguém que não pertença a nenhuma linhagem e que se autoproclame como o revelador de um novo caminho para a iluminação. Se você decidir seguir um autonomeado guru, saiba que estará sozinho, porque não há como checar a veracidade das palavras dele. Ele pode muito bem ser um charlatão. Assim sendo, ter certeza de que seu guru pertence a uma linhagem é meio caminho andado para autenticar a sabedoria e a realização dele; é como buscar informação sobre as universidades onde um erudito estudou e se formou, e inquirir quem foram seus professores, para autenticar seu nível acadêmico.

No mínimo dos mínimos, um guru qualificado deve ser compassivo e sempre trabalhar para seu benefício e não para benefício próprio.

Mérito e o guru

Aqui, mais uma vez, o mérito tem um papel importante, porque encontrar o guru certo exige muito mérito. Sem mérito não é possível sequer conceber o desejo de conhecer um mestre espiritual, muito menos desenvolver a habilidade de discernir, com juízo e motivação correta, se o guru é autêntico e se ele é o guru certo para você. Encontrar um guru é uma coisa, ter mérito suficiente para não duvidar dessa escolha e nunca perder a confiança total nele é coisa bem diferente e exige oceanos de mérito. Na verdade, o mérito é necessário em todos os estágios da relação com o guru.

Nesta vida, o mérito acumulado por meio de sua conexão cármica com seu guru fica adormecido, como se estivesse em uma lista de espera por um assento no voo para a iluminação. Quando você encontra o guru, o mérito começa a amadurecer, e então qualquer coisa pode acontecer. Como seu caminho espiritual vai se desenrolar é algo que será decidido por você e por seu guru. Por exemplo, ele pode lhe dizer para abandonar seu estilo de vida atual e fazer algo completamente diferente. Se ele disser isso, então esse é o caminho que você deve seguir, porque você deve fazer tudo o que for necessário para atingir a iluminação.

A medida do progresso espiritual é a devoção.

Ao longo de todos os estágios da prática do Darma, a compreensão, experiência e realização crescerão em sua mente. Portanto, por mais ou menos confiança que você tenha, as conclusões a que você chegar como resultado de sua compreensão serão inteiramente suas. Por essa razão, o único verdadeiro indicador de seu progresso espiritual é se sua devoção por seu guru e sua compaixão pelos seres sencientes aumentam ou não. Todas as visões, sonhos e medalhas que você ganhar de associações de praticantes do Darma são totalmente inúteis e não têm o menor significado.

Parte 2
O ngondro

7
Tomar refúgio

Por que tomar refúgio?

São três as situações ou "condições" que nos levam a tomar refúgio: medo, confiança ou devoção e compaixão. Das três, a mais poderosa é o medo.

MEDO

Temos a propensão de sentir medo em relação às atividades mundanas, especialmente quando essas têm a ver com ganho e perda. Por exemplo, quando chove, tomamos refúgio sob um guarda-chuva, porque temos medo de ficar molhados. Nos países budistas, o mesmo tipo de medo incita fazendeiros e homens de negócio, que não têm nenhum interesse por filosofia, a rezar em altares budistas. Nem realidade interdependente nem shunyata têm qualquer significado para essas pessoas, mas, como vivem em um país budista, o Buda, o Darma e a Sangha se tornaram seu "deus". Assim, eles rezam como papagaios às Três Joias por vida longa, bons negócios e safras abundantes; em troca, fazem oferendas e circulam ao redor de relíquias sagradas.

Embora tal atitude não corresponda ao objetivo último de tomar refúgio, não devemos ridicularizá-la, pois, para aqueles que têm uma fé simples, esse pode ser um passo na direção de uma compreensão mais sofisticada. Essa atitude também não é exclusiva às pessoas que nasceram em sociedades de tradição budista. Em geral, as pessoas que ingressam no caminho do Budadarma tendem a pensar no Buda como seu salvador — da mesma forma que os cristãos pensam em Jesus — e frequentemente tomam refúgio nele porque têm medo e sentem a necessidade de proteção. Esse é o primeiro tipo de medo que leva o praticante a tomar refúgio.

O segundo tipo de medo é o dos sofrimentos do samsara, como renascer no inferno. Aqueles que sofrem desse tipo de medo dão pouca importância a colheitas escassas ou taxas de juros elevadas — seu maior temor é ser engolido e ludibriado pelo samsara. Tendo desenvolvido a "sabedoria do saber", eles reconhecem o perigo de ficarem presos no samsara, e sua compaixão por todos os seres sencientes os conduz a temer não apenas o samsara, mas também o egoísmo de desejar apenas a própria liberação (nirvana).

O terceiro tipo de medo é o medo que os praticantes do vajrayana sentem (além do medo do samsara e do nirvana) da "percepção impura", porque, enquanto a percepção não for pura, a raiz da dualidade extrema nunca poderá ser destruída.

CONFIANÇA

Tudo que fazemos na vida requer certa dose de confiança. Por exemplo, se você quer tomar chá, a única opção é ter confiança de que os ingredientes, os utensílios, o método e a habilidade de quem vai prepará-lo serão reunidos e resultarão em um chá delicioso. Para ser bem-sucedido, você não pode se deixar enganar por nenhum dos elementos. Se um belo saquinho de chá, com rótulo e fio elegantes, não contiver folhas de chá, ele não transformará a água quente em chá. Embora seja parecido com um saquinho de chá, ele é "enganoso", porque não pode cumprir a função esperada.

A decisão de seguir um caminho espiritual é o empreendimento mais importante na vida de alguém. Em geral, tomamos essa decisão quando nossa confiança em objetivos mais mundanos é traída, o que nos leva a mudar para um caminho mais confiável. Se você se sente inspirado quando ouve e contempla os ensinamentos, ou quando medita, é provável que venha a confiar na lógica do Darma. E depois de desenvolver aos poucos a confiança e a convicção inabaláveis no Buda, no Darma e na Sangha, surgirá o desejo de seguir o único caminho deste mundo que você sabe com certeza não ser enganoso. Com base nessa confiança, você toma refúgio.

É claro que há outras razões para se tomar refúgio nas Três Joias, como o desenvolvimento de uma convicção firme nas qualidades iluminadas da liberação. Quando todas essas razões começarem a fazer mais sentido para você, a noção de liberação se tornará mais e mais atraente. Essa é apenas outra maneira de dizer que a devoção e a confiança no Buda, no Darma e na Sangha terão se estabelecido em sua mente.

Em essência, quando você acredita que as Três Joias não o enganarão e que elas representam a verdade mais elevada, você se entrega a essa verdade tomando refúgio.

COMPAIXÃO

Para os alunos do mahayana, um incentivo mais significativo para tomar refúgio é a compaixão que sentimos quando compreendemos que todos os seres sencientes atados pelo sofrimento samsárico já foram, em algum momento, alguém que amamos profundamente, alguém que, talvez, tenha até sacrificado a própria vida para satisfazer nossas exigências emocionais egoístas. Porém, mesmo após essa realização, ainda continuamos impotentes para ajudar, pois também estamos presos e somos inteiramente dependentes de nossas próprias condições e circunstâncias degradantes.

De que modo, então, um refugiado desamparado pode oferecer refúgio a outro? Como Shantideva disse, ser protegido por alguém mais poderoso do que você torna possível dar proteção aos outros. Assim, depois de tomar refúgio no Buda, no Darma e na Sangha, você também será capaz de dar refúgio, apoio e proteção aos outros.

Tomar refúgio: a teoria

Muitos textos vajrayana apresentam o Buda, o Darma e a Sangha usando termos diferentes, por exemplo, "guru, deva e dakini" ou, no ngondro do Longchen Nyingtik, "prana, nadi e bindu", ou mesmo "dharmakaya, sambhogakaya e nirmanakaya". As palavras que usamos para especificar em quem ou no que tomamos refúgio têm pouca importância. Muito mais importante é entendermos o significado das palavras que recitamos, ou seja, aceitarmos que temos a natureza búdica e, consequentemente, podemos atingir a iluminação.

Imagine lavar uma xícara de café bem manchada. Ao mergulhar a xícara na água com detergente, o que você está fazendo? A maioria de nós diria: "Estou lavando a xícara." Mas será mesmo? Você está lavando a xícara ou removendo as manchas da xícara? A instrução que sua mãe lhe deu quando o ensinou a lavar a louça — em nosso contexto, a instrução essencial — foi: "Vá lavar sua xícara." Mas, embora ela tenha repetido isso quase todos os dias, ela nunca explicou que as manchas de café e a xícara são coisas separadas e diferentes, e que lavar a xícara, na verdade, significa remover as manchas de uma xícara que nunca foi, não é, nem nunca será nada além de limpa. Na prática, porém, a instrução essencial de sua mãe, baseada em anos de experiência lavando xícaras, é simples — qualquer um é capaz de entender e executar a tarefa. Contudo, a xícara e a sujeira são duas entidades separadas. Você não lava a xícara, você lava a sujeira; se você lavasse a xícara, ela desapareceria completamente. Então, é a sujeira que é lavável, e ela não tem nada a ver com a xícara.

Esse exemplo ilustra muito bem uma das teorias mais profundas do bodisatvayana: todos nós temos o potencial de nos tornarmos budas, porque todos nós temos a natureza búdica. O problema é que ainda precisamos compreender isso. Então, o que nos impede de consumar a natureza búdica? Ou, em outras palavras, o que nos impede de compreender que a xícara é, sempre foi, e sempre será limpa? Éons e éons de obscurecimentos acumulados.

Se você não tem a informação de que a natureza búdica é inerente a todos, seguir apenas as instruções essenciais poderá levá-lo a cometer um erro bastante comum. Por séculos, muitos praticantes vajrayana cometeram o erro de imaginar que o Buda é uma pessoa sentada no céu à nossa frente, a quem imploramos favores. Essa é uma abordagem teísta que tem muito mais a ver com religiões mais convencionais, como o cristianismo, do que com o budismo. Portanto, quando os alunos perguntam, como eles sempre fazem, "Por quanto tempo devo fazer a prática de tomar refúgio?", a resposta, "Até que o refúgio e o objeto de refúgio se tornem inseparáveis" é em si mesma um lembrete de que o objeto último de refúgio não é externo, mas está na natureza da mente de cada um.

No *Yeshe Drubpa*, de Indrabhuti[7], é dito que o Buda, o Darma e a Sangha existem de forma última na mente, e todos os pensamentos, mesmo os mais fugazes, são suas manifestações. Portanto, nesse nível, até o mais ínfimo pensamento está livre de impurezas e é primordialmente puro e, por consequência, contém todas as qualidades do Iluminado. Como disse Jigme Lingpa, ter confiança absoluta nas Três Joias é o estágio final da prática relativa de tomar refúgio; e ver a própria mente como as Três Joias é o estágio final da prática última de tomar refúgio.

Tomar refúgio: as instruções essenciais

As instruções essenciais para a prática de tomar refúgio variam. Um método consiste em tomar refúgio no Buda como o professor, no Darma como o caminho e na Sangha como os companheiros no caminho. Outro método ensinado pelo vajrayana é ter confiança absoluta no guru como o Buda, no guru como o Darma e no guru como a Sangha; ou ainda mais explicitamente, a mente é o Buda, a mente é o Darma e a mente é a Sangha.

Por que visualizamos nosso guru na forma de um buda ou em alguma outra forma extraordinária? Aliás, por que exatamente visualizamos o guru? Não seria mais simples visualizar a forma do Buda Shakyamuni e acreditar que o guru é Shakyamuni? Uma das razões é que nós, seres humanos, achamos difícil imaginar que a natureza búdica exista em criaturas tão comuns como nós mesmos. Em segundo lugar, achamos igualmente difícil acreditar que o guru humano, que boceja, toma chá e assim por diante, seja um buda real. Como poderia? Há tantas coisas que ele ainda não sabe, ele passa a maior parte do tempo distraído e se comporta de um jeito totalmente irracional. Ainda assim, às vezes sentimos que, sem dúvida, ele tem algo de muito extraordinário. O resultado é que ficamos como um ioiô — às vezes, acreditamos nele do fundo do coração; outras vezes, a confiança dá lugar à dúvida e à desconfiança.

Jamyang Khyentse Chökyi Lodrö escreveu em sua explicação sobre guru ioga que, de acordo com o bodisatvayana e o vajrayana, a natureza búdica se manifesta continuamente. Entretanto, se essa manifestação ainda não tiver sido refinada pelo mérito, em geral ela se expressa por meio de impurezas, tais como as emoções agressivas. Contudo, uma vez que o processo de refinamento esteja em andamento, a natureza búdica começa a se manifestar na forma de compaixão, amor, compreensão e tolerância e, de vez em quando, em uma de suas configurações mais refinadas, a devoção. É só quando espiamos pela fresta da devoção que conseguimos ver alguém que acreditamos valer a pena ouvir e emular, e então chamamos aquela pessoa de "guru".

É dito que embora incontáveis budas e bodisatvas tenham aparecido e continuem a aparecer neste mundo, a maioria de nós não tem mérito para encontrá-los; e mesmo se encontrássemos um buda, não teríamos mérito para reconhecer quem ele é de fato, ou para compreender o que ele diz, ou ainda para sentir qualquer devoção por ele. Foi o que aconteceu com Devadatta. Ele era primo do Buda e passou a vida toda junto a ele, mas tinha tanta inveja do Buda que não se beneficiou nem um pouco com essa experiência.

Nosso guru é nosso buda pessoal. Não apenas ele falou conosco, mas também, de forma incansável e altruísta, fez um grande esforço para nos incomodar, nos decepcionar e ferir mortalmente nosso orgulho frágil, tudo com o objetivo de erradicar nosso ego. Portanto, tomamos refúgio de agora até atingir a iluminação não apenas para destruir todas as nossas delusões superficiais, mas para arrancar a própria raiz da delusão, pedindo a nosso guru que a golpeie e a dilacere até que seja totalmente pulverizada.

Então, não seria mais simples visualizar o guru como o vemos no dia a dia? Nós o vemos com tanta frequência que sabemos com exatidão como ele é. Podemos até ter jantado com ele algumas vezes ou o acompanhado em uma de suas caminhadas. Por que tornar as coisas difíceis para nós, tentando imaginá-lo vestido com os brocados pesados e os chapéus engraçados que os tibetanos adoram vestir em Guru Rinpoche? Afinal, não resta ninguém que tenha conhecido Guru Rinpoche em pessoa ou que saiba como ele se vestia; nossas únicas referências são pinturas tibetanas e estátuas.

Mais uma vez, o objetivo principal dos ensinamentos vajrayana é, em teoria, nos mostrar como transformar a percepção impura em percepção pura. Quando examinamos nosso guru humano, o fazemos através do filtro de nossa percepção comum impura, exatamente a mesma percepção que devemos nos esforçar tanto para transformar. Embora tenham nos dito que tudo que nos cerca, inclusive as paredes, o teto e o chão, parece muito diferente quando percebido de forma pura, poucos de nós conseguem de imediato dar tamanho salto na própria maneira de ver o mundo. No entanto, esse não é o problema mais urgente. O crucial agora é nos livrarmos o mais rápido possível de quaisquer percepções impuras que tenhamos de nosso guru. Quando ele bocejar, dormir, comprar demais ou se comportar de forma estranha, na mesma hora lembre-se de que o que você vê é a interpretação de própria sua mente, e é exatamente essa interpretação que precisa ser transformada.

A transformação de uma mente rígida e dualista exige muito mais esforço do que reter no "olho" de sua mente a imagem do guru como uma pessoa comum. Portanto, quando for preciso visualizar seu guru durante a prática, imagine-o no céu à sua frente na forma de Guru Rinpoche ou Vajradhara. Visualizá-lo em sua forma humana comum apenas perpetuará seu hábito de vê-lo de forma impura ou, na melhor das hipóteses, de vê-lo como um igual, impedindo que você trabalhe com a ideia de que seu guru é "inigualável".

Tomar refúgio: a prática

Quando tomamos refúgio, precisamos tomar refúgio em um "objeto de refúgio autêntico". Mas o que é isso? O objeto de refúgio precisa ser onisciente, compassivo e onipotente, e ele só será autenticamente "confiável" se corporificar as três qualidades. Se ele não for onisciente, não será capaz de discernir nossas dificuldades; do mesmo modo, se for onisciente, mas não tiver compaixão ou se for onisciente e compassivo, mas não tiver poder para ajudar, ele não estará à altura do ofício de "objeto de refúgio".

A onisciência daqueles em quem tomamos refúgio é como o sol que permeia e ilumina tudo; sua compaixão é rápida como um raio e totalmente imparcial; e seu poder onipotente é capaz de erradicar a fonte última de todos os nossos problemas. Precisamos nos lembrar repetidamente dessas três qualidades, bem como aproveitar ao máximo o "faz de conta" intelectual que mencionamos antes, mas não é fácil. Quantas pessoas que você conhece são onipotentes, oniscientes ou compassivas? Você já conheceu alguém assim? Ou será essa uma ideia tão fantástica que nem lhe passa pela cabeça?

É claro que, intelectualmente, podemos encontrar algum modo de aceitar essa noção, mas o problema é que tomar refúgio não é um exercício intelectual. Ao tomar refúgio, colocamos o Darma em prática e, portanto, devemos quase nos forçar a acreditar que existem pessoas oniscientes, compassivas e onipotentes que se qualificam como objetos de refúgio genuínos, e desenvolver o hábito de nos lembrar delas repetidamente.

VISUALIZE A ÁRVORE DE REFÚGIO

Antes de começar a oferecer prostrações, você deve criar o campo de mérito, visualizando todos os budas e bodisatvas à sua frente — o guru, devas, dakinis e toda a linhagem do guru — ou, se preferir, focando-se exclusivamente na forma de seu guru como Guru Rinpoche ou Vajradhara. (Uma descrição mais elaborada dessa visualização pode ser encontrada nas descrições do campo de mérito que são geralmente incluídas na seção do refúgio de textos de ngondro mais longos.)

Se você optar por visualizar o campo de mérito completo, imagine que a deidade principal da mandala (Guru Rinpoche ou Vajradhara) está sentada no tronco central de uma árvore que realiza desejos. No galho em frente à deidade principal, estão sentados o Buda Shakyamuni e todos os budas, no galho à sua direita estão em pé todos os bodisatvas; à sua esquerda, está toda a nobre sangha de shravakas e pratyekabuddhas e, atrás dela, estão pilhas enormes de textos do Darma. Acima da cabeça de seu guru está o guru dele e assim por diante, até Guru Rinpoche ou Vajradhara. Em todo o caso, não se perca tentando visualizar cada membro do séquito. Os mestres do passado nos disseram que quando um rei chega, automaticamente o séquito vem atrás, então, depois que você visualiza seu guru como Guru Rinpoche, é uma questão de simplesmente desenvolver a confiança absoluta de que todos os membros do séquito também estão presentes.

No início, talvez você ache difícil ver o campo de mérito. Isso acontece muito quando ainda não estamos acostumados a olhar para ele, talvez da mesma forma que, mais de dois séculos atrás, os aborígenes australianos não conseguiram compreender a visão dos gigantescos navios europeus a pouca distância da praia e, por isso, ficaram praticamente cegos ao que estava à sua frente.[8] Outro exemplo é o dos súditos do rei, na história de Hans Christian Andersen, que não queriam admitir que não conseguiam enxergar as inexistentes roupas novas do rei.

Mais uma vez, não é preciso se preocupar muito com os detalhes. Em vez disso, concentre-se em invocar uma total confiança de que Guru Rinpoche ou Vajradhara está presente diante de você, intensamente brilhante e vivo, cercado de todos os budas e bodisatvas.

Devo enfatizar aqui que *visualizar* não significa que você deve tentar pintar um quadro da árvore de refúgio em sua mente — isso seria impossível. Visualizar é muito parecido com pensar na pessoa que você conhece melhor nesta vida — sua mãe, por exemplo. Tente imaginá-la à sua frente neste exato momento. Tenho certeza de que, ao imaginá-la, você não está pensando no formato exato da orelha dela. Ou se os dedos dos pés dela são curvados ou não. Ou quantas pintas ela tem nas costas. Na verdade, é provável que você nunca tenha pensado nesse tipo de detalhe. Ao mesmo tempo, estou igualmente certo de que você criou uma forte sensação de sua mãe em sua mente, e que você tem plena confiança de que se trata realmente dela. É assim que os objetos de refúgio devem ser visualizados, e a confiança que você tem em sua visualização é de extrema importância.

Visualize as pessoas que o perturbam e irritam, juntamente com as pessoas que já feriram você, à sua frente, bem próximas dos objetos de refúgio. Todos nós já fomos feridos por pessoas de quem gostávamos e, embora possamos insistir que já esquecemos tudo aquilo, é raro termos esquecido de fato. Para ajudar a aliviar dor que ainda persiste, visualize-os no lugar de honra, e ao despertar a boditchita, deseje-lhes tudo o que é bom. Se ainda é doloroso pensar neles, é um sinal de que você ainda não se livrou do sentimento de que foram injustos com você. Tente não se focar nisso. Em vez disso, admita que ainda está agarrado àquela dor. Em seguida, concentre-se em desejar que eles sejam muito felizes e busque tomar todo o sofrimento deles para você. E tenha em mente que os relacionamentos difíceis são um terreno fértil para quem leva a sério a prática do Darma.

Agora, comece as prostrações. Enquanto pratica, visualize que todo mundo, seus amigos, familiares e todos os incontáveis seres sencientes fazem prostrações e tomam refúgio com você. Desse modo, você toma refúgio com a atitude de um seguidor do caminho do bodisatvayana.

Acumulação de prostrações

AFINAL, POR QUE FAZER PROSTRAÇÕES?

Por que se atirar de corpo inteiro em um chão que em geral está imundo e depois se levantar e repetir centenas de milhares de vezes a mesma coisa? A prostração é um método bem direto de tomar refúgio e um dos melhores métodos para destruir o orgulho. É um gesto externo de entrega à verdade do Darma e uma expressão de nossa intenção de abandonar e expor nosso orgulho. Assim, quando tomamos refúgio, nos prostramos para demonstrar nossa completa entrega, jogando-nos aos pés de nosso guru e pressionando os cinco pontos de nosso corpo — testa, mãos e joelhos — no chão, o maior número de vezes possível. (Na tradição tibetana há duas formas de fazer prostrações: uma é a prostração completa e outra é a meia prostração; em geral, acumulamos a prostração completa.)

É dito que as prostrações trazem uma série de benefícios, tais como renascer com uma aparência atraente, ter nossas palavras valorizadas, ter influência positiva sobre amigos e colegas ou saber gerenciar aqueles que trabalham para nós. É dito que os praticantes que acumulam prostrações estarão um dia na companhia de seres sublimes e, como resultado, irão se tornar majestosos, abastados, terão um renascimento elevado e, por fim, atingirão a liberação.

Para seres mundanos, no entanto, contemplar todos os benefícios espirituais e o mérito acumulado ao fazer prostrações talvez não seja a forma mais eficaz de nos motivarmos. Por outro lado, lembrar que as prostrações são boas para a saúde pode ser o incentivo que estava faltando para começarmos. É verdade que fazer prostrações como um exercício saudável é uma motivação mundana, mas é uma motivação que eu nunca desencorajo. Nestes tempos de degenerescência, qualquer coisa que o inspire a praticar o Darma tem algum valor, então, por favor, vá em frente e comece a fazer prostrações para se exercitar. Com isso, não apenas você economizará a mensalidade da academia, mas também acumulará músculos e uma enorme quantidade de mérito.

CONTAR AS PROSTRAÇÕES: APENAS PROSTRE-SE!

A meta tradicional é fazer 100 mil prostrações nesta vida ou mais, se você tiver tempo e capacidade física, e você deve fazer o máximo esforço para atingir essa meta. O tempo que você vai levar para atingir a meta é relativamente sem importância — completar as 100 mil prostrações antes dos amigos da sangha não significa que você será o primeiro a atingir a iluminação. A atitude e a motivação são mais importantes do que o tempo. Entretanto, pense que em cerca de meia hora você pode fazer 150 prostrações; se fizer esse número todos os dias, em menos de dois anos você terá completado as 100 mil prostrações confortavelmente.

Para muitos de nós, ter uma meta ajuda muito. Alguns argumentam que os números não deveriam ter importância, mas muitos praticantes consideram que ter uma medida de quanta prática já fizeram é uma disciplina construtiva e um incentivo bem-vindo. Com frequência, os que dizem que preferem não contar as prostrações são, a bem da verdade, preguiçosos demais para se darem ao trabalho — e comprar um mala para contar já é trabalho demais. Ao cederem à preguiça, eles perdem o foco por completo, pois esforçar-se para fazer prostrações é parte essencial da prática. Há também pessoas que se preocupam com a ideia de que, se contarem suas prostrações, ficarão muito orgulhosas dessa conquista. Elas argumentam que, se a prática do Darma foi projetada para esmagar o ego e o orgulho, não há motivo para se arriscar a reforçá-lo. Existem até pessoas que acreditam que a noção de acumulação implica egoísmo, como acumular dinheiro, e se consideram superiores a tal coisa.

Na prática, se você está convencido de que não quer contar prostrações, e tem absoluta certeza de que contar não seria um bom estímulo para você, então, sem sombra de dúvida, *você deve contar*. A não ser que você seja um buda oculto, em geral os seres ignorantes como nós realizam mais quando são motivados pelo desejo de atingir uma meta. Portanto, anote suas acumulações diárias, mesmo quando só conseguir fazer dez. E lembre-se de que fazer as prostrações é mais difícil do que recitar os versos, portanto, você deve contar o número de prostrações e não o de recitações.

Dito isso, você deve recitar os versos de refúgio continuamente enquanto faz as prostrações, ao ir ao chão e se levantar, mas não é preciso sincronizar as palavras com a prostração. Quando precisar descansar, sente-se na postura de meditação e continue a recitar os versos de refúgio. Tente renovar a motivação a cada 25 prostrações, ou dez, se preferir — isso pode ajudar bastante. Lembre-se regularmente de que você está praticando para beneficiar todos os seres sencientes, com a confiança e a certeza de que seu guru está realmente ali observando você, e desperte a boditchita.

Inevitavelmente, haverá momentos em que você vai se pegar fazendo todos os movimentos da prostração sem "sentir" nada. Quando isso acontecer, apenas continue se prostrando. É melhor continuar do que perder tempo sem fazer nada enquanto você espera o sentimento correto aparecer. Pessoalmente, eu quase nunca sinto algo quando faço prostrações.

Como vencer a resistência à prática

MEDITE ENTRE AS PROSTRAÇÕES

O tédio pode se tornar um problema, e se permitir que ele crie raízes, você pode desenvolver uma resistência forte em relação a fazer prostrações. Uma forma de vencer essa resistência é intercalar as prostrações com períodos em que você senta e medita. Outros bons métodos consistem em se focar nas sensações físicas, como a dor em seus joelhos; pensar que cada prostração está destruindo o carma negativo de vida após vida; ou lembrar que você acumula um mérito infinito quando faz uma prostração perfeita. Se praticar assim, você sentirá o autêntico sabor da meditação quando, mais adiante, for introduzido às meditações mais elevadas do mahasandhi, bem como à natureza da mente.

Se você tem inclinação pelos ensinamentos do mahasandhi, depois de experimentar esse primeiro sabor, de repente tudo vai se encaixar e você se verá irrevogavelmente fisgado. É claro que leva um tempo para nos acostumarmos com hábitos novos, mas, se persistir e praticar com regularidade, seu mundo começará a se abrir de maneiras que você não imaginava possíveis. A partir daí, a meditação nunca mais será tediosa.

VENCER A PREGUIÇA

Muitos alunos reclamam que são simplesmente preguiçosos demais para fazer qualquer tipo de prática, quanto mais prostrações. Um dos métodos que eu sugiro para ajudá-los a vencer a preguiça é ler histórias sobre os grandes mestres do passado, como Milarepa, mas é bom saber desde já que sua mente engenhosa logo encontrará um jeito de escapar dessa fonte de inspiração. Se você contar apenas com sua mente, irá se entediar logo e, se isso acontecer, nem que o Buda Shakyamuni passe um mês a seu lado não existirá garantia de que você se torne menos preguiçoso. Outro bom método para combater a preguiça é fazer preces de aspiração, pedindo proteção contra a ameaça da indolência e a falta de inspiração. Acender incenso e velas também funciona, assim como fazer o esforço para criar uma atmosfera inspiradora sempre que for praticar.

Nem sempre é fácil encontrar a inspiração para praticar — até os mais experientes perdem a inspiração quando se esquecem de que estão um passo mais perto da morte a cada dia que passa. E para aqueles com famílias para cuidar, empregos árduos e contas a pagar, encontrar tempo para praticar é muito mais difícil. Ironicamente, porém, quando temos tempo, muitas vezes nos falta a inspiração e a vontade de nos inspirar, e podemos acabar colocando mais energia para assistir a uma partida de futebol do que para praticar o Darma.

APROVEITE TODAS AS OPORTUNIDADES PARA PRATICAR

De acordo com Patrul Rinpoche, devemos seguir o exemplo de um iaque faminto, que come todo o capim que encontra pela frente sem pensar em guardar um pouco para depois. Tente aproveitar cada momento que você tiver para praticar e nunca se esqueça de contar o quanto acumulou. Sempre se lembre de que, a não ser que a mente esteja domada e a atenção plena intacta, os próprios métodos criados para acabar com seu ego e orgulho se tornarão as ferramentas que os fortalecerão.

Você também deve tentar praticar na vida cotidiana. É claro que não é possível continuar as prostrações no trabalho, mas você pode se disciplinar para pensar na boditchita sempre que passar por uma porta ou ouvir o telefone tocar. Tenha em mente, no entanto, que qualquer coisa que você escolher para usar como lembrete logo se tornará velha e se degenerará em mais um ritual sem sentido. Portanto, procure renovar sempre a prática, mudando o lembrete com frequência.

Praticar o Darma é como se livrar de camadas de pele. No início, não há escolha: você se depara com uma camada externa e a única opção é removê-la. Feito isso, é bem possível que, de repente, você seja tomado por confusão e dúvida, a ponto de começar a questionar o próprio método. Mas nem todas as dúvidas são necessariamente prejudiciais. Muitas delas são introduzidas por sua tão querida "mente discriminativa" e, às vezes, a análise crítica pode ajudar, especialmente quando ela expõe as falhas na interpretação que o ego faz de suas experiências, algo que poucos de nós questionamos. Na verdade, tendemos a absorver muito facilmente a versão dos eventos feita pelo ego. Portanto, se você começar a se perguntar se as verdades que aceitou por tanto tempo são de fato "verdadeiras", é bem possível que isso seja um sinal de que o Darma está começando a penetrar em sua mente.

Embora ser mais criterioso possa ser um bom sinal, tente não dar muita importância às suas críticas. Continue avançando, porque, apesar de ter feito um pequeno progresso no caminho e conseguido remover uma camada, logo você encontrará outra camada que também deve ser removida. Aliás, sempre que você empacar, a solução será remover mais uma camada; você só alcançará o fim do caminho quando tiver removido todas as camadas de progresso e entrave, sem nenhuma exceção. Nunca se esqueça de que praticamos o Darma porque nossa meta é atingir a iluminação completa e não meramente nos tornar boas pessoas — como um filantropo ou um empregado em uma clínica de cuidados paliativos — ou ser reconhecido e ganhar prêmios. Os estudantes do bodisatvayana desejam a iluminação para si mesmos e para todos os seres sencientes, e a conclusão é: a *iluminação* é o prêmio.

O FIM DA SESSÃO

Depois de acumular sua cota diária de prostrações, passe imediatamente à prática seguinte. Ao despertar a boditchita, seus objetos de refúgio se tornam as testemunhas de sua prática e, no final da sessão, eles se dissolvem em luz e a luz se dissolve em você. Ou, se preferir, imagine que eles se aproximam cada vez mais de você, dissolvendo-se lentamente para se tornarem um com você, e então permaneça nesse estado inexpressível de unidade pelo máximo tempo que puder.

8

Despertar a boditchita

Muitas pessoas neste mundo são bondosas. Jigme Lingpa disse que encontrou inúmeras pessoas bondosas durante sua vida, mas acrescentou que pouquíssimas tinham uma mínima noção do que eram a boditchita da aspiração e a boditchita da aplicação.

Como já vimos, tomar refúgio é a *fundação* do caminho para a liberação. Em seguida, despertamos a boditchita, que é a *quintessência* da prática do ngondro.

O que é boditchita?

Em termos muito gerais, a boditchita é o desejo de conduzir todos os seres à iluminação completa. A boditchita é o coração, a cabeça, os olhos, o sangue e a espinha dorsal do caminho mahayana, e é uma prática absolutamente indispensável. De fato, esse é um conceito tão poderoso que o simples ato de valorizar o desejo de transmitir aos outros a sabedoria que é a iluminação já é em si mesmo uma das maiores oferendas possíveis de serem feitas.

É comum, porém, que até os assim chamados budistas não compreendam a boditchita, reduzindo-a a pouco mais do que uma bondade amorosa compassiva. Hoje em dia, o amor, a compaixão e o desejo de fazer os outros felizes são ideais muito populares, sendo muitas vezes promovidos como as características mais importantes da boditchita. Esquecemos que sem boditchita não haveria o budismo mahayana e o vajrayana, e que o aspecto mais crucial desses dois yanas é a sabedoria da compreensão de shunyata (vacuidade).

Sem a sabedoria, a compaixão por si só não é "boditchita" e vice-versa; ambas as qualidades são essenciais.

A maioria dos budistas tem consciência de que a boditchita tem alguma coisa a ver com tolerância, consideração e obras de caridade, mas raramente percebe a parte — a parte muito grande — que tem a ver com a sabedoria que compreende a não dualidade (vacuidade). Entretanto, sem uma apreciação abrangente da boditchita, toda a prática budista se degenera em materialismo espiritual, porque lhe falta o componente essencial que dá vida radiante ao caminho: a boditchita.

De acordo com Karma Chagme Rinpoche, a única maneira de transformar os pensamentos e ações não virtuosos e negativos em caminho para a liberação é por meio da boditchita. Para gerar a boditchita, precisamos primeiro criar certas causas e condições, ou seja, tomar refúgio, despertar a compaixão e acumular mérito. (Para uma explicação bastante detalhada e precisa sobre a razão pela qual a boditchita é tão crucial para o praticante budista, veja O caminho do bodisatva, de Shantideva.)

BODITCHITA: AMOR, COMPAIXÃO E A SABEDORIA DA NÃO DUALIDADE

Os praticantes mahayana desejam liberar todos os seres senscientes não apenas do sofrimento em si, mas também das *causas* do sofrimento, cuja raiz é a mente dual. Desse modo, o bodisatva não se limita a atividades filantrópicas ou humanitárias. Como Jigme Lingpa ressaltou, há muitas pessoas bondosas e profundamente compassivas no mundo, bem como alguns humanistas notáveis, mas essas pessoas não são necessariamente bodisatvas, porque a boditchita não se resume a uma simples preocupação amorosa com os seres senscientes.

Às vezes, as pessoas que trabalham para o bem dos outros podem fazê-lo por razões equivocadas e também podem se tornar obcecadas e inflexíveis quanto às suas metas. Então, quando os projetos não acontecem da forma desejada, elas se remoem em recriminações, culpa e raiva, os efeitos colaterais da obsessão. Pessoas muito boas perdem o ânimo, a esperança e a determinação, e os aspirantes a bodisatva podem até desistir totalmente de exercer suas atividades de bodisatva. Assim, por mais solidária e atenciosa que a pessoa aparente ser, sempre há o risco de que seja uma egoísta inveterada. Outra razão para que a boditchita seja tão louvada é que ela é um antídoto infalível para o egocentrismo.

Um dos sinais mais óbvios de que a boditchita está sendo mal compreendida pode ser percebido quando mestres de aparência gentil e humilde, que estão sempre sorrindo e nunca demonstram irritação ou rancor são descritos como "grandes bodisatvas", enquanto lamas que regularmente aparentam perder a paciência e que talvez até batam nos alunos são descritos como "arrogantes". Tais distinções são uma indicação clara de que esquecemos que a sabedoria é um aspecto inseparável da boditchita. Como não temos meios de saber se esses lamas consumaram por completo ou não a boditchita, julgar se eles são bodisatvas somente com base em nossa percepção de seu comportamento é totalmente estúpido. Esse exemplo mostra como é fácil cair na armadilha de considerar erroneamente que bondade, gentileza e uma preocupação altruísta com os outros sejam boditchita. Quando temos uma visão mais abrangente da boditchita, começamos a perceber que não é a aparência ou o comportamento de uma pessoa o que demonstra se ela é ou não um bodisatva, mas sim a compreensão que ela tem de shunyata, cuja essência é compaixão.

A prática de boditchita absoluta para principiantes

Comece sua prática motivado pelo desejo de levar todos os seres sencientes à iluminação e lembre-se de que tudo o que você faz é uma ideia sua e uma manifestação de sua mente. Ao fazer isso, você se aproxima um pouco mais das noções de vacuidade e não dualidade e, ao mesmo tempo, descobre rapidamente que desenvolver uma compreensão intelectual de shunyata é provavelmente o melhor que você pode fazer. É claro que é relativamente fácil falar sobre a "vacuidade", ler sobre isso e até mesmo tentar imaginá-la, mas nossas conclusões estarão sempre confinadas a nosso raciocínio extremamente limitado. Nossa versão intelectual da não dualidade pode muito bem ser lógica, mas, no nível prático, a não dualidade é extraordinariamente difícil de compreender.

Como disse Longchenpa, como explicar o sabor do sal a alguém que nunca provou o sal? Tudo o que podemos fazer é lhe dar algo doce e dizer "o sal não é parecido com isto". Estamos diante do mesmo problema quando falamos sobre a boditchita absoluta. Um grande obstáculo para se compreender de fato a boditchita é não termos uma linguagem capaz de decifrá-la e explicá-la. Contudo, na prática, a boditchita absoluta não é algo inatingível — muito pelo contrário, na verdade. Por enquanto, porém, estamos no terreno da dualidade. Nossa meta pode ser a de contornar o dualismo e passar diretamente ao não dualismo, mas só podemos tentar entender a não dualidade empregando métodos dualistas. Embora não tenhamos outra escolha a não ser usar esses métodos, aspiramos continuamente por um resultado não dualista.

Cultive a força da compaixão

Até chegarmos a uma compreensão completa da boditchita, continuaremos a cometer o erro de imaginar que a dor de fato existe. Como resultado, é quase certo que nos tornaremos vítimas de nossa própria compaixão, pois, sem que reconheçamos por completo a não dualidade, todas as nossas atividades conduzirão à decepção. Por exemplo, como terapeuta, até que ponto você está disposto a chegar para ajudar uma paciente alcoólatra ou viciada em drogas? Imagine que uma de suas pacientes certamente irá renascer como uma viciada em drogas pelas próximas 5 mil vidas. Como um bodisatva, sua determinação deve ser tão grande que você aspire renascer na hora e no lugar certos, a cada uma dessas vidas, para poder continuar a tratá-la.

Avance para a última dessas 5 mil vidas. Sua paciente nasceu em um país distante e desolado e tudo o que você precisa fazer para garantir que ela não renasça como viciada é passar algumas horas com ela. Isso significa que você também deve renascer naquele país miserável e que todo o foco de sua vida será estar no lugar certo e na hora certa para passar algumas horas com sua paciente. Para isso, você precisará daquilo que os ensinamentos descrevem como "força" ou "determinação" e você só encontrará essa força quando começar a compreender a natureza ilusória de todos os fenômenos ou, em outras palavras, a "vacuidade".

Como cultivar essa força de compaixão extraordinária de que você necessita para agir com tanto altruísmo? Como você desenvolve essa determinação de nunca desistir? Onde você encontra a confiança e a tenacidade para continuar tentando? Todas essas qualidades surgem da compreensão de que a pessoa viciada, o problema dela, a cura e até mesmo a noção de que ela precisa ser curada são todos um mero produto de sua própria mente. Nada disso existe de fato fora de sua mente. Após compreender essa verdade, você pode seguir em frente e desenvolver a compaixão forte e genuína que é a boditchita.

No *Sutra Prajnaparamita* nos é dito que certa vez o Buda foi abordado por um praticante bodisatva que reclamou de estar absolutamente exausto depois de ter se dedicado por muitos anos a ajudar os seres sencientes. Em sua resposta, o Buda explicou que o tempo é relativo. Os ensinamentos do bodisatvayana dizem que o período decorrido entre o momento em que o bodisatva toma os votos de bodisatva pela primeira vez e o último momento que ele passa no décimo bhumi é de três éons incalculáveis. No entanto, uma das realizações de um bodisatva do décimo bhumi é que todos esses éons incalculáveis passam tão rapidamente quanto uma faísca que salta do fogo.

Em outra ocasião, um bodisatva relatou ao Buda que estava desanimado, pois ajudar os seres sencientes era muito doloroso e ainda havia muitos seres para liberar. O Buda respondeu com uma analogia. Imagine uma mãe que sonha que o filho único foi carregado pela forte correnteza de um rio. Ela está completamente impotente; ainda assim, em sua agonia e desespero, está disposta a fazer qualquer coisa para salvar o filho. A mãe não se importa com seu próprio bem-estar e segurança, podendo até sacrificar a própria vida. Para ela, o tempo que vai levar para resgatá-lo é irrelevante e ela tampouco leva em consideração o esforço necessário. Portanto, ela se joga na água no sonho. Por fim, sua força e determinação são tão extraordinárias que ela consegue salvar o filho. E então ela acorda. A dor que ela suportou, o esforço colossal que fez e o tempo que levou para salvar o filho nunca existiram; até mesmo o pensamento de ter salvado a vida dele é uma ilusão.

Essa é nossa realidade. Como praticantes, devemos ter em mente essa realidade. Tentar ajudar os seres sencientes é extremamente doloroso e difícil, e até quando acreditamos ter acordado do pesadelo que é o samsara ainda estamos sonhando. Na maior parte do tempo, porém, as condições que experimentamos são feitas sob medida para nos fazer crer que o sonho é uma realidade e elas poucas vezes nos mostram que, na verdade, nossa existência é ilusória.

Boditchita relativa

Para que todos os aspectos da boditchita surjam de forma natural na mente, precisamos nos submeter a um treinamento intenso, e uma parte crucial desse treinamento é o desenvolvimento da boditchita relativa.

A boditchita relativa tem dois aspectos: a boditchita da aspiração, ou intenção, e a boditchita da aplicação, ou ação. A boditchita da aspiração nos ajuda a despertar a motivação e o desejo de beneficiar os outros por meio, por exemplo, da prática das quatro qualidades incomensuráveis. Praticar a boditchita da ação significa engajar-se de fato em atividades benéficas, como praticar as seis paramitas, que são a generosidade, disciplina, paciência, diligência, samádi e sabedoria.

Até certo ponto, muitos de nós já praticam a generosidade, talvez dando uma ou duas moedas para um mendigo no metrô, mas engajar-se completamente no tipo de generosidade descrito nos ensinamentos é outra coisa. Você consegue imaginar como seria cortar seus braços e pernas e com eles alimentar uma tigresa faminta? Tais atos altruístas de generosidade não eram incomuns entre os grandes bodisatvas do passado; no entanto, não é esse o tipo de prática que principiantes são capazes de adotar de imediato.

Em um rompante de inspiração, muitos bodisatvas recém-saídos do ovo desistem de tudo, família, casa e bens materiais, mas, quase sempre, se arrependem do que fizeram em questão de horas. Por isso, o conselho que grandes mestres como Jigme Lingpa não cansam de repetir é que principiantes como nós não devem tentar consumar instantaneamente as práticas mais extremas, mas sim enfatizar a prática da aspiração antes de desenvolver, pouco a pouco, a prática da boditchita da aplicação e da boditchita absoluta.

BODITCHITA DA ASPIRAÇÃO

A boditchita da aspiração é, de certo modo, uma prática fácil para quem está iniciando. Por exemplo, é fácil aspirar a ser um rei. Tudo o que você precisa fazer é pensar: "Eu gostaria de ser um rei". E então, durante o dia todo imagine que você é um rei e mentalmente dê aos mendigos que se dirigirem a você na rua tudo o que um rei pode possuir. Se você pensar bem, as possibilidades desse tipo de aspiração são infinitas. Por exemplo, quando encontrar alguém necessitado, pense: "Possam todos os seres sencientes possuir tudo de que precisam.

É claro que também é possível cair na armadilha de pensar que a aspiração não surte o mínimo efeito. "É só um desejo! É ótimo formular um desejo, mas ele não muda nada. Com certeza, não é o mesmo que *fazer* alguma coisa!" Subestimar o poder da aspiração desse modo é pouco sensato. Do ponto de vista mundano, o que conta é o pensamento e o desejo, portanto não cometa o erro de pensar, como fazem alguns, que despertar a boditchita da aspiração é "falar uma coisa e fazer outra", pois não se trata disso. Essa é uma parte importante de nosso treinamento espiritual.

Por que então o principiante tem tanta dificuldade de colocar a boditchita em prática? Na maioria das vezes, porque não temos determinação e nossa boditchita da aspiração é frágil, pois as únicas aspirações que fazemos são aquelas presentes nas orações que repetimos sem pensar todas as manhãs. Devemos, portanto, ativamente despertar em nós um desejo intenso de conduzir todos os seres sencientes à felicidade última da iluminação.

Como disse Longchenpa, a aspiração é a única missão e tarefa dos principiantes. Até alcançarmos pelo menos o primeiro bhumi é impossível, física e efetivamente, realizarmos as atividades dos bodisatvas mais avançados, como decepar um dedo para alimentar uma iguana. Não temos ideia se nossas ações irão realmente beneficiar ou não o ser que estamos tentando ajudar e, uma vez que nossa boditchita é imatura, embora possamos começar com grande entusiasmo, se a pessoa ou criatura não mudar ou melhorar, nós provavelmente iremos perder o ânimo, nos decepcionar ou ficar com raiva, sendo até possível que desistamos de ajudar de uma vez por todas.

No *Sutra sobre o rugido do leão* (o *Srimaladevi Sutra*), a Rainha Srimala fez três votos de aspiração excelentes e confessou que, se não fosse pela presença e bênçãos do próprio Buda, ela não teria tido a coragem de fazê-los. Em primeiro lugar, ela dedicou o mérito acumulado à realização de sua aspiração de ser sempre capaz de ouvir o Darma em cada uma de suas vidas futuras; em segundo lugar, ela aspirou a nunca se cansar de compartilhar o Darma com os seres sencientes; e, em terceiro lugar, ela aspirou a considerar o Darma sempre mais importante do que sua própria vida e corpo e colocá-lo em prática. Essa é uma pessoa cujo exemplo todos nós deveríamos tentar seguir. Isso é possível, pois, embora sejamos consumidos pela culpa, atrelados a deveres e incessantemente ocupados tentando cuidar da família e pagar as contas, nenhuma dessas condições nos impede de praticar a boditchita da aspiração. Na verdade, essa é a prática perfeita para nós.

Há quase três mil anos, o Buda deu a um rei conselhos que ainda são perfeitamente adequados aos muito atarefados praticantes de hoje. O Buda compreendia que o rei tinha a enorme tarefa de governar o país e que aquilo implicava responsabilidades e deveres colossais; também estava claro para ele que, por mais que o rei tentasse, seria difícil para ele dedicar-se dia e noite às atividades de um bodisatva. Assim, o Buda sugeriu ao rei que ele cultivasse uma firme aspiração e desejo pela iluminação, despertasse a boditchita da aspiração em sua mente sempre que possível e se regozijasse com as atividades virtuosas de outros. O Buda garantiu ao rei que, se ele dedicasse todo o mérito acumulado por essas práticas em benefício da própria iluminação, ele não só exerceria com sucesso as obrigações reais, como também cumpriria seus deveres de bodisatva e acumularia um mérito infinito.

Despertar a boditchita não é apenas sentir pena daqueles que você acha que precisam de ajuda. Preocupar-se com o bem-estar dos outros é uma classe de compaixão muito inferior ao desejo sincero da boditchita da aspiração de iluminar todos os seres sencientes. Você pode imaginar um presente melhor do que apresentar a verdade aos seres sencientes, rompendo e expondo a teia de delusões em que estão envolvidos? Ou do que libertá-los das limitações que eles têm de suportar como resultado dos casulos que eles mesmos tecem? Simplesmente, não existe comparação entre o desejo de iluminar todos os seres existentes e oferecer uma refeição quente às crianças de rua.

Imagine uma caverna em uma montanha em algum lugar nos Himalaias. Dentro da caverna, está um iogue. Dia após dia, ele pratica a boditchita relativa, enquanto nas aldeias em torno de sua montanha, bebês morrem de fome em um ritmo assustador. É obvio que os bebês precisam de ajuda prática e imediata, apesar disso o iogue permanece na caverna, pensando em como gostaria de conduzir todos os bebês, as mães, os pais e todos os seres sencientes à iluminação. Por mais bizarro que pareça do ponto de vista mundano, esse iogue que permanece na caverna é muito mais merecedor de homenagens do que a organização internacional que fornece ajuda humanitária. Por quê? Porque é surpreendentemente difícil desejar de forma verdadeira e genuína que outros seres alcancem a iluminação. É muito mais fácil dar comida, roupas e educação. Aqueles que não entendem o real valor da iluminação acham difícil aceitar isso.

Shantideva enfatizou no primeiro capítulo de O *caminho do bodisatva*:

> Poderia nosso pai ou mãe
> Alguma vez manifestar desejo assim tão generoso?
> Será que os próprios deuses, os rishis, mesmo Brahma,
> Nutrem benevolência igual a essa?[9]

Aliviar uma doença física é uma atividade mundana que oferece apenas um alívio momentâneo, enquanto planejar a iluminação de todos os seres sencientes é uma solução permanente para todos os sofrimentos. Não deveríamos apreciar mais aqueles que desejam remover toda a dor e sofrimento para sempre do que aqueles que oferecem apenas uma trégua temporária? Infelizmente, a maioria de nós não tem consciência dessa distinção, porque nunca desejamos genuinamente que uma outra pessoa atinja a iluminação. Se alguém nos oferecesse uma passagem só de ida para a iluminação, muito provavelmente a usaríamos para nós mesmos, sem jamais pensar em oferecê-la para alguém.

Imagine que você receba uma poção que pode torná-lo clarividente e onisciente. Você tomaria tudo sozinho ou a compartilharia com outra pessoa? Antes de decidir, lembre-se de como os praticantes muitas vezes sentem inveja dos companheiros de Sangha que parecem mais dedicados. Ou pense na inveja que você sente quando fica sabendo que outro membro da Sangha recebeu um ensinamento elevado e você não foi convidado. Se você tivesse genuinamente despertado a boditchita, ficaria feliz por seus amigos praticarem tanto e se regozijaria com todos os ensinamentos que eles recebem. É tão fácil esquecer que, se qualquer pessoa atingir a iluminação, todos os nossos desejos e aspirações terão, finalmente, se realizado.

A aspiração mantém os principiantes humildes

Devo enfatizar como é insensato que bodisatvas principiantes — cujo amor, compaixão, boditchita e confiança na visão ainda não amadureceram — tentem entrar em ação rápido demais ou, como acontece muito, comecem a imaginar que estão em algum tipo de missão. Se você tem alguma missão, é a de rezar e aspirar que um dia você *se torne* um herói. A última coisa que você deve fazer é começar a se comportar como um herói desde o primeiro dia. Se agir assim, só terá decepções e frustrações. Se você se lançar no que acredita ser a atividade de um bodisatva, como construir um hospital infantil ou alimentar uma rua repleta de mendigos, e for bem-sucedido, é provável que se torne vítima de seu próprio orgulho excessivo. É muito menos provável que seu orgulho saia de controle se você *desejar* que todas as crianças doentes sejam tratadas ou que os mendigos sejam alimentados, e é por isso que a prática de fazer aspirações é recomendada com tanta ênfase para quem está começando. O senso de humildade natural embutido na prática de aspiração é uma das coisas que a tornam tão bela.

No entanto, em geral os principiantes consideram as orações e aspirações uma alternativa fraca para a "ação", porque nos sentimos muito inúteis quando não estamos ocupados. Ser útil e ter algo útil para fazer tornaram-se muito importantes para nós. Muitas vezes ficamos desesperados para sermos considerados "capazes" e "valiosos". "Útil" ou "inútil", no entanto, são ambos estados relativos, e para principiantes é muito mais importante aspirar a se tornar útil do que fazer algo concreto.

Como escreveu Shantideva:

> Possa eu ser um protetor para aqueles que não têm protetor,
> Um guia para aqueles que seguem pelas estradas.
> Para aqueles que desejam cruzar para a outra margem,
> Possa eu ser um barco, uma balsa, uma ponte.

Possa eu ser uma ilha para aqueles que anseiam por terra firme,
Uma lamparina para aqueles que desejam luz;
Para aqueles que precisam de descanso, um leito.
Para todos os que necessitam de um servo, possa eu ser um escravo.[10]

Aspirar repetidamente a ser útil dessa maneira desenvolve sua confiança e fortalece sua mente de maneira gradual até que, por fim, você se torne naturalmente útil. Sem essa confiança e força, qualquer sucesso acidental ou isolado pode colocá-lo em um pedestal por um ou dois dias, mas você logo cairá, sofrendo uma terrível desilusão.

Como cuidar dos outros

Por que devemos nos importar com outras pessoas? Especialmente nos dias de hoje, vivemos numa cultura de ganância e egoísmo em que a maioria das pessoas se preocupa apenas com o próprio bem-estar. Talvez a razão mais forte para cuidar dos outros seja que também desejamos ser cuidados. Um dos sintomas mais insidiosos destes tempos de degenerescência é que muitas pessoas se sentem desamparadas e se esforçam ao máximo para serem amadas pelos amigos, amantes e até mesmo pelos sócios do clube que frequentam.

Os textos budistas clássicos sobre a boditchita nos dizem que devemos praticar sentir amor e compaixão pelos outros, refletindo primeiro sobre tudo pelo que nossa mãe passou quando nos deu à luz. Claro que devemos também lembrar que o conceito de "mãe" é percebido de diversas formas, dependendo da cultura e da época em que vivemos. Hoje em dia, por exemplo, muitos de nós não reagem positivamente à noção de mãe, porque existem crianças demais no mundo que são negligenciadas e abusadas pelos pais. Assim, alguns de vocês podem não achar esse exemplo útil, mas esse é só um exemplo. Se preferir, pense em uma tia, um irmão ou um amigo que você sabe que o ama, importa-se com você e lhe deseja somente o melhor, alguém que sente sua falta quando vocês não estão juntos e acorda no meio da noite preocupado com você. Agora, imagine que todos os seres sencientes já o amaram e se importaram com você dessa forma.

Como seres ignorantes, o que sentimos e experienciamos neste exato momento é muito mais forte do que as memórias de relacionamentos passados. Tenho certeza de que todos nós podemos pensar em alguém que, dez anos atrás, era próximo e, hoje, raramente é lembrado. Se é tão fácil esquecer-se de quem já gostamos nesta vida, que esperança temos de nos lembrarmos das pessoas que queríamos bem nas vidas passadas? No entanto, muitas centenas de milhares de seres sencientes sacrificaram a própria comida, riqueza e felicidade por nosso bem, e nossa resposta habitual a esse tipo de bondade é o desejo de saldar nossa dívida. Mas como? Como podemos retribuir nesta vida a bondade dos seres que encontramos em vidas passadas? Como podemos dar a eles comida, abrigo, dinheiro e conforto, se não temos a mínima ideia de quem são? O melhor que podemos fazer é nos importar com todos os seres igualmente, fazendo tudo o que está a nosso alcance para levá-los à iluminação.

Alguns praticantes acham que a boditchita absoluta é a mais importante, que a boditchita da aplicação é um pouco menos importante e que a boditchita da aspiração é a menos importante de todas. Mas não é assim. Os três aspectos da boditchita têm a mesma importância. Na maior parte do tempo, e certamente no caso dos principiantes, criamos uma imagem mental de "vacuidade" que é a antítese do que a vacuidade é de fato. Portanto, o melhor conselho é começar praticando a boditchita da aspiração e, gradualmente, passar para a boditchita da aplicação e depois para a boditchita absoluta.

Os objetos de nossa compaixão

De acordo com Rongzompa, os principiantes devem usar os seres sencientes como objetos de sua compaixão, o que não implica dizer que os seres sencientes existam de fato. Os seres sencientes são uma ilusão e sua natureza é vazia, mas é fácil para nós ver seu sofrimento, assim como é fácil ver um arco-íris no céu. A compaixão que tal objeto desperta em nós não é manchada pelo apego e nunca irá exaurir você; ela é ilimitada, inexaurível e não inteiramente desprovida de sabedoria.

Segundo Maitreya, no *Mahayanasutralamkara*,[11] os seres sencientes, que são os objetos de nossa compaixão, se dividem em várias categorias:

- » seres que anseiam por objetos desejáveis;
- » seres sob a influência do "inimigo" (suas próprias emoções);
- » seres que sofrem o efeito de ações negativas, incluindo os seres que renascem nos reinos inferiores e os "ignorantes" que não diferenciam o certo do errado e não têm a mínima noção de causa, condição e efeito (por exemplo, o açougueiro que acha que precisa matar para sobreviver);
- » seres que têm visões errôneas e, portanto, têm uma "força extra que os prende" (além de serem seres sencientes ignorantes, eles foram ensinados por teóricos; consequentemente, estão sobrecarregados com ainda mais visões errôneas que precisam ser esclarecidas), e aqueles que gostam da "comida envenenada" do prazer mundano;
- » praticantes que estão "perdidos" porque são orgulhosos; e os que são devotados, diligentes e humildes, mas se desviaram porque escolheram um caminho menor, como o caminho da autolibertação;
- » bodisatvas que ainda precisam acumular vastas quantidades de mérito e, por isso, ainda são "fracos".

Talvez possamos acrescentar à lista alguns praticantes de mahasandhi ou mahamudra cuja motivação seja praticar esses caminhos por curiosidade sobre a natureza da mente e pelo desejo de compreendê-la melhor. Nenhum praticante budista deve praticar qualquer aspecto do Darma com essa motivação errônea, pois, quer você pratique a meditação shamata ou o mahasandhi, todas as práticas budistas devem ser motivadas pela compaixão pelos seres sencientes que sofrem.

BODITCHITA DA ASPIRAÇÃO: AS PRÁTICAS

Como vimos, a boditchita da aspiração é uma prática compatível com a capacidade de quem está começando. Ela consiste na leitura de preces de aspiração maravilhosas compostas por grandes bodisatvas, como *A soberana das preces de aspiração: a aspiração de Samantabhadra por uma conduta nobre*, e em evitar qualquer coisa que possa sabotar essas aspirações. À primeira vista parece simples, porque tudo o que você precisa fazer é reiterar sempre o desejo de que todos os seres sencientes atinjam a iluminação. Contudo, existem obstáculos, e você deve fazer o que for necessário para manter essa prática.

Haverá momentos, por exemplo, em que você sentirá que está fingindo fazer a prática. Por mais que tente praticar genuinamente, algo parece estar errado e, nas raras ocasiões em que a prática parece autêntica, essa sensação acaba quase antes de começar. Assim, tente se contentar com sua prática, seja lá for sua sensação, e mesmo quando você estiver fazendo pouco mais do que fingir que está praticando, porque ao menos você está fazendo um esforço.

Os seres sencientes são ignorantes e extremamente emotivos; o que desejamos hoje, rejeitamos amanhã. Nosso humor oscila de um extremo a outro, sem que tenhamos ideia do que desejamos de fato. Mesmo que você tivesse dinheiro para comprar tudo o que seus amigos querem, você conseguiria saciar o apetite deles pela riqueza material? Aquilo de que todos os seres sencientes realmente precisam é a iluminação, mas a vasta maioria ainda não sabe disso, então cabe a você decidir por eles. Deseje "possa eu conduzir todos os seres sencientes à iluminação" e tenha disciplina para seguir sua rotina de prática, aconteça o que acontecer. Decida-se a nunca dar aos seres sencientes o que eles pensam que querem, mas apenas o que eles de fato precisam: estar livres de todas as distinções dualistas, obsessões e complicações e de não cair nos extremos de bom e ruim. E lembre-se de que tudo isso pode ser realizado por meio da prática de aspiração, portanto, mesmo quando parecer que é só fingimento, basta continuar praticando.

Dois métodos para despertar a boditchita são particularmente populares: a prática de tonglen e a série de contemplações conhecidas como os quatro incomensuráveis.

1. Tonglen

Tonglen é uma prática maravilhosa, pois oferece uma técnica específica para invocar a compaixão e a boditchita. Já nos foi dito e repetido que nosso hábito de autoapreço e de pensar apenas no nosso próprio bem-estar é a fonte de nosso sofrimento e um empecilho em nosso caminho espiritual. Logo, o antídoto óbvio é o método de apreciar os outros.

O método é simples: ao expirar, ofereça toda felicidade, virtude e riqueza material a todos os seres sencientes sem exceção; ao inspirar, absorva toda dor, sofrimento, problemas, obscurecimentos, más ações e maus pensamentos desses seres.

Com a prática de tonglen começamos a sintonizar nossa motivação, e talvez essa seja a melhor prática para o principiante. Como os grandes mestres kadampa do passado disseram incontáveis vezes, a prática de boditchita é cultivar a atitude de dar todo o ganho e vitória aos outros e tomar para si toda a perda e derrota.

Uma das grandes pragas de que sofrem as pessoas hoje em dia é a falta de autoestima ou de um senso saudável de "eu". Por isso, alguns alunos perguntam se tomar o sofrimento dos outros na prática de tonglen pode fazer com que percam confiança em si mesmos. O que acontece é exatamente o oposto. A atitude que cultivamos como bodisatvas — querer oferecer o melhor de tudo para os outros e voluntariamente aceitar toda perda, aborrecimento ou dificuldade — na verdade, reforça a confiança e acaba de vez com a falta de autoestima.

Shantideva escreveu:

Qual a necessidade de dizer mais?
As pessoas infantis trabalham pelo próprio bem,
Os budas trabalham pelo bem dos outros.
Veja a diferença entre eles.

Se eu não trocar minha felicidade
Pelo sofrimento dos outros,
Nunca alcançarei o estado búdico
E, mesmo no samsara, não encontrarei alegria verdadeira.[12]

De onde vem a baixa autoestima? Aqueles com baixa autoestima tendem a ter egos superdesenvolvidos. Eles querem ser melhores em tudo e muito valorizados por todos, e imaginam que seu ego é reprimido e fraco e precisa ser encorajado. Quando cultivamos a atitude de um bodisatva, porém, o ego diminui ou desaparece, não havendo mais um "eu" que fica preocupado quando oferece todas as coisas boas e se incomoda com as coisas ruins. Os bodisatvas não têm o "ego" como referência e, portanto, sua confiança continua a crescer, sem que a noção de autoestima baixa tenha sequer a chance de se manifestar. Assim, não tenha medo de aplicar continuamente a boditchita da aspiração.

2. Os quatro incomensuráveis

Há um equívoco generalizado sobre o amor e a compaixão que é difícil de corrigir. Certamente está errado, mas o problema é que ele também tem um elemento de verdade. Tomemos, por exemplo, o amor que sentimos por um cão de estimação. Em geral, esse tipo de amor é induzido por nossa necessidade de companhia, adoração inquestionável e obediência — é ótimo quando dizemos para o cachorro sentar e ele senta. De certa forma, esse é um tipo de amor, mas é incompleto. O amor profundo é totalmente incondicional e desprovido de expectativas, interesses pessoais e motivos egoístas. Amar profundamente um cão significaria, no nível mais elevado possível, não apenas cuidar dele, alimentando-o, levando-o para passear e mantendo-o limpo, mas também lhe oferecer a oportunidade de descobrir o Darma, o que, mais cedo ou mais tarde, o conduzirá à iluminação.

Como o termo sugere, a prática dos quatro incomensuráveis é composta de quatro contemplações que são incomensuráveis em todos os aspectos, incluindo os objetos incomensuráveis de nossa prática: *todos* os seres sencientes.

Quais são os quatro pensamentos incomensuráveis?

Amor

A contemplação do amor desenvolve o desejo de que todos os seres sencientes sejam felizes e sempre encontrem as causas da felicidade. Comece pensando: "Possam todos os seres sencientes ser felizes agora, neste exato momento." Em seguida, pense em alguém que esteja sofrendo de depressão. Enquanto você pensa: "Possam todos os seres desfrutar da felicidade", imagine que aquela pessoa recebe exatamente o que precisa para aliviar a depressão e faça a aspiração: "Possa ela encontrar todas as causas da felicidade e, idealmente, o Darma."

Portanto, o primeiro pensamento incomensurável é "Possam todos os seres sencientes desfrutar da felicidade e das causas da felicidade." Isso é diferente da noção humanitária comum de doação, porque em vez de oferecer uma refeição ou uma cama a uma pessoa, estamos oferecendo a todos sem exceção tanto a felicidade como as causas da felicidade.

Compaixão

Aqui desenvolvemos o desejo de que todos os seres sencientes fiquem livres do sofrimento e das causas do sofrimento. Focando mais uma vez na pessoa com depressão e também em todas as pessoas deprimidas do mundo, pensamos: "Possam elas se livrar da depressão e das causas da depressão." Nesse caso, as causas são suas emoções, bem como suas ações e pensamentos desvirtuosos. "Possam elas se libertar de todos os sofrimentos neste exato momento." E também: "Possam os seres sencientes se abster de matar, roubar, mentir e de todas as emoções negativas que causam a infelicidade." Com essa contemplação, você deu aos seres sencientes a felicidade e as causas da felicidade, e os afastou da infelicidade e do sofrimento e das causas da infelicidade e do sofrimento.

Karma Chagme Rinpoche disse que, embora todos os seres sencientes tenham sido mãe dele em algum momento, por não se lembrarem dessa relação, eles se sentem livres para atacá-lo ou permanecer como completos estranhos. Nós, porém, conhecemos nossa conexão. Como poderíamos, então, deixar de ser amáveis com todos?

Isso é provavelmente verdadeiro para todos nós. Por exemplo, se sua mãe, que sempre foi amorosa, ficasse louca de uma hora para outra e atacasse você, sua primeira reação seria, com certeza, de preocupação e, em seguida, seu amor e compaixão por ela se tornariam ainda mais intensos.

Alegria

A seguir, desenvolvemos o desejo de que todos os seres sencientes nunca se separem da "felicidade" e da "ausência de sofrimento" cultivando uma noção de alegria apreciadora: "Possam todos os seres sencientes ser alegres para sempre."

A alegria é muito importante no contexto dessas contemplações incomensuráveis, porque, mesmo quando desejamos que todos sejam plenamente felizes, ainda temos a tendência de sentir inveja daqueles que parecem estar numa situação melhor do que nossa. A inveja e o ciúme são o que eu chamo de emoções "dos perdedores", e o antídoto para ambas é despertar um sentimento de alegria apreciadora.

Equanimidade

Por último, visto que o sofrimento dos seres senciente é resultado de seu apego e agressão, desejamos que eles sejam libertados de todas as esperanças e medos, agressão e apego às coisas mundanas (os oito darmas mundanos), para que, um dia, nem mesmo lhes ocorra ideia de fazer distinções.

Pense:

Possam todos os seres senciente permanecer na equanimidade, livres de preconceitos, apego e raiva.
Possam eles ser livres de esperança e medo, de paixão e agressão,
Possam eles não ter noção de "família" ou "inimigo";
Possam eles ser imparciais, nem agressivos com os inimigos nem apegados aos amigos,
E assim, possam todos os seres e todos os fenômenos ser iguais.

Permitir que esse pensamento repouse em sua mente é a prática da equanimidade.

Os praticantes devem investir tempo e energia para trazer à mente essas quatro contemplações. Embora essa prática pareça tão abstrata quanto construir uma escada infinitamente longa até o céu, lembre-se de que esse é um método muito importante para treinar a mente. Os bodisatvas precisam desenvolver coragem e motivação inabaláveis, e você deve começar esse processo aqui e agora. Contemple cada pensamento separadamente, aplicando-o primeiro às pessoas que você ama, estendendo-o depois aos amigos e vizinhos e, por fim, a todos os seres senciente. Esse não é um exercício de pensamento positivo. Em última análise, estamos fazendo uma aspiração sincera de que todos os seres senciente sejam livres de fazer distinções entre bom e ruim, certo e errado.

Existem ótimas razões para que esses quatro pensamentos sejam descritos como "incomensuráveis" — devemos prestar atenção a essa palavra, e ela deve ser compreendida no contexto de "o caminho é a meta". Nesse momento, quando fazemos a prece "Possam todos os seres se iluminar", imaginamos automaticamente que conduzir todos os seres à iluminação é uma meta mensurável e que o processo é finito. Mas não é. Se fosse, estaríamos contemplando "os quatro pensamentos mensuráveis". Por isso, precisamos nos acostumar à ideia de que nosso caminho espiritual tem uma meta incomensurável e de que nós o seguimos com uma atitude incomensurável e uma motivação incomensurável. Em outras palavras, é um processo sem meta, sem fim e cuja motivação também não tem meta.

A boditchita da aplicação

AS SEIS PARAMITAS

Na prática da boditchita da aplicação, o aluno se dedica a atividades específicas, conhecidas como as seis paramitas: as práticas de generosidade, disciplina, paciência, diligência, samádi (ou meditação) e sabedoria. Por que são seis? Porque, como Senhor Maitreya enfatizou, elas são necessárias para combater seis hábitos específicos, que ele descreve como "afeições" ou "amores". Se sua motivação for o desejo de iluminar todos os seres sencientes, qualquer paramita que você pratique poderá ser classificada como a genuína prática de boditchita na aplicação, ainda que no nível do principiante.

1. Generosidade

Temos afeição por imaginar que somos pobres e ocupados; para muitos de nós, não estar ocupado é quase insuportável. Podemos combater esse hábito e todos os hábitos relacionados à mentalidade de pobreza com a prática da generosidade.

O próprio Buda sugeriu que até quando fazemos um gesto de generosidade quase insignificante, como doar um legume, podemos imaginar que o legume é um de nossos quatro membros ou um naco de nossa carne. Isso nos ajudará a nos acostumar com tipos de generosidade muito mais grandiosos. Como sempre, nosso desejo de ser verdadeiramente generosos deve ser sempre motivado pela aspiração à iluminação. Muito frequentemente, no entanto, esse desejo é contaminado pela ambição de que sejamos reconhecidos como boas pessoas e pilares da comunidade ou pela esperança de um renascimento mais promissor. Portanto, o bodisatva deve se acostumar a resistir à tentação de conquistas temporárias menores.

Como disse Maitreya no *Mahayanasutralamkara*, para um bodisatva, um mendigo pode ser a causa para o aperfeiçoamento da generosidade. Então, quando você for abordado por um mendigo, pense: "Ele está me dando a oportunidade de plantar a semente de uma riqueza futura inexaurível. Talvez ele seja até a manifestação de um buda ou bodisatva. Ao fazer uma oferenda a esse mendigo, por menor que seja, posso estar criando a conexão inicial para um dia poder dar a ele a riqueza inexaurível da iluminação." O vajrayana ensina que esse mendigo, ou qualquer pessoa inconveniente, pode ser até uma manifestação de seu guru.

2. Disciplina

Nós também somos afeiçoados a problemas. Para combater esse hábito, como seguidor do caminho mahayana, o bodisatva aplicará três tipos de disciplina: a disciplina de se abster de ações não virtuosas, como matar, mentir ou difamar os outros; a disciplina que ajuda a acumular qualidades virtuosas, como tomar refúgio, despertar a boditchita ou praticar as seis paramitas; e a disciplina de ajudar os outros.

Por sinal, se você, como bodisatva, precisar mentir ou interromper a prática espiritual para manter a disciplina de ajudar os outros, tudo bem. Sempre faça o necessário para ajudar os seres sencientes, mesmo que isso signifique comprometer as duas primeiras disciplinas.

3. Paciência

Outra de nossas afeições é ficar nervoso e permitir que os sentimentos cheguem ao extremo. Para abandonar esse hábito, precisamos de paciência.

O bodisatva pode praticar a paciência de muitas maneiras. Por exemplo, você pode se oferecer para tomar a dor e o sofrimento dos outros, ou pode se comprometer a não fazer concessões em relação à sua prática, de forma que, seja lá o que aconteça em sua vida, o Darma seja sempre prioritário ou ainda cultivar a atitude "não estou nem aí" em relação às pessoas que desejam prejudicá-lo ou difamá-lo.

A prática de não fazer concessões em relação ao Darma pode ser vista a partir de duas perspectivas: relativa e última. Como bodisatva, se alguém o prejudica, você deve desenvolver a atitude de quem sabe que, assim como o fogo é quente, o samsara é dor e sofrimento — a dor é inevitável, portanto, não há razão para perder a paciência com quem está causando a dor. Ao mesmo tempo, o mal que os seres samsáricos provocam é temporário, pois a natureza deles é inerentemente boa, então, mais uma vez, não há razão para perder a paciência. Em vez disso, como Shantideva sugeriu, pergunte-se por que, um dia, você fez o que fez para criar o carma que levou o outro a prejudicá-lo.

> Devo, antes, perguntar: "Que ato praticaram no passado
> Que faz com que agora sofram nas mãos dos outros?"
> Já que tudo depende do carma,
> Por que devo ter raiva de tais coisas?[13]

A paciência "absoluta" é reconhecer que você, o ato de prejudicar e aquele que prejudica são todos ilusões. É assim que desenvolvemos a paciência.

4. Diligência

Por mais que insistamos que queremos trabalhar muito e nos concentrar no que deve ser feito, a verdade é que temos grande afeição por sermos preguiçosos, dispersivos e negligentes, e o antídoto é a diligência.

Ser diligente é desenvolver alegria no caminho e atividades do bodisatva. Contudo, achamos difícil encontrar prazer nas atividades do bodisatva, pois, durante muitas vidas, só experienciamos alegria em atividades samsáricas. A ideia de sentarmos quietos e meditarmos por uma hora pode parecer impossível. Portanto, devemos ser diligentes em relação a desenvolver a alegria por todos os meios disponíveis, como ouvir os ensinamentos do Darma, contemplá-los e conviver com pessoas inspiradoras.

Da mesma forma, quando formos atacados por circunstâncias desfavoráveis e tristeza, devemos aprender a usar essas adversidades como lembretes para não ficar obcecados em tentar resolver nossos problemas, que em geral não têm solução. Em vez disso, devemos contemplar as armadilhas do samsara como uma maneira de nos ajudar a superar a preguiça.

5. Samádi

A próxima "afeição" é particularmente pertinente às pessoas modernas, que dão grande importância aos direitos individuais, à necessidade de espaço pessoal e à independência. Declaramos, frequentemente e em alto e bom som, que a independência é fundamental a nosso bem-estar. Na prática, no entanto, temos afeição à escravidão. Adoramos ser controlados por outras pessoas e coisas, ser acorrentados, arrastados pelos cabelos e jogados de um lado para outro pelos ares do momento, circunstâncias e situações. Para combater essa afeição, aplicamos a prática de meditação, pois, como a prática consiste em fazer absolutamente nada, é exatamente o oposto da submissão às circunstâncias.

Um dos maiores desafios que enfrentamos é nossa inabilidade de nos concentrar em uma coisa de cada vez. Esse é o resultado de termos desenvolvido uma afeição por perder o rumo ao longo de muitas vidas. Esse velho hábito faz com que seja imensamente difícil transcender o clarão ofuscante de nossas emoções contraditórias — muitas vezes, nossas emoções nos ofuscam. Logo, devemos cultivar continuamente a capacidade de não nos distrair.

6. Sabedoria

Temos uma afeição pela visão errônea, que é um assunto infinitamente complexo e fascinante, mas em termos bem simples, podemos dizer que a visão errônea é qualquer tipo de visão extrema.

Ficar chocado quando uma coisa não acontece do jeito que acreditávamos que deveria acontecer é uma indicação de que possuímos uma visão errônea. Isso acontece porque nos concentramos somente nas causas e condições superficiais e não nas mais sutis. Diante disso, a visão científica de que nada acontece sem uma razão e de que tudo é resultado de causas e condições aparenta ser uma "visão correta". Mas, hoje em dia, também existem pessoas que quase sentem orgulho de não acreditar em causa, condição e efeito e, por consequência, em reencarnação. Logicamente, isso significa que elas também não acreditam nos conceitos de virtude e não virtude, carma positivo e carma negativo. Não é de surpreender, portanto, que, lá no fundo, mesmo aqueles que se consideram seguidores dos ensinamentos do Buda (em especial sobre carma) habitualmente aceitem que as situações e as coisas possam se manifestar de forma aleatória.

A sabedoria é o atributo principal de um bodisatva, porque, como disse Dharmakirti, por mais importante que seja cultivar o amor e a compaixão preciosos e profundos, eles não contradizem fundamentalmente a ignorância. Portanto, cultivar o amor e a compaixão por si só não arrancará a raiz da existência samsárica.

Os alunos perguntam com frequência "O que é 'pecado' no budismo?" "Pecado", em geral traduzido a partir do termo tibetano que significa mais precisamente "não virtude", é qualquer coisa que brote das seis afeições. Pode ser que seja algo conectado a apenas uma das afeições, a uma combinação de várias delas ou a todas ao mesmo tempo.

Tradicionalmente, é dito que os seres sencientes que não praticam as seis paramitas são como um homem cego que está perdido e vaga sem rumo por uma floresta ou um deserto. Ele é cego porque não sabe quais atividades deve adotar e quais deve abandonar e não tem um amigo ou mestre para guiá-lo. Ele não tem as rações da generosidade para se nutrir e nem a armadura da disciplina para protegê-lo. Sua riqueza de paciência se esvaiu e a diligência que o faz avançar é instável. Ele não tem nenhuma meditação e, portanto, não tem onde descansar. O pior de tudo, porém, é que ele não tem um bastão de sabedoria em que se apoiar.

Nunca imagine, no entanto, que as seis paramitas estejam além de seu alcance, pois, como disse Shantideva, não há nada com que não possamos nos acostumar.

Boditchita absoluta

Aplicar a vacuidade como um antídoto para o ego pode ser um pouco complicado quando você acaba de ingressar nos ensinamentos do bodisatvayana. Se é esse o caso, o melhor antídoto alternativo é gerar a motivação de iluminar todos os seres sencientes (boditchita).

Entretanto, se você já recebeu instruções sobre como praticar a boditchita absoluta de acordo com as tradições mahamudra e mahasandhi, ou se recebeu instruções sobre a vipashyana, ou sobre a não diferenciação entre samsara e nirvana, ou sobre a união de bem-aventurança e vacuidade, ou, simplesmente, se recebeu instruções que fazem parte de um ensinamento que oferece um guia sistemático à vacuidade, então, sem dúvida, dedique-se a uma dessas práticas. Se você é principiante e deseja compreender e praticar a boditchita absoluta, mas ainda não recebeu essas instruções, sua prática pode ser a de ouvir os ensinamentos sobre a boditchita absoluta e contemplá-la.

O fim da sessão

Quando completar as práticas de tomar refúgio e despertar a boditchita, dissolva o campo de mérito em você e una sua mente à mente do guru. Em seguida, permaneça o maior tempo que conseguir no estado de inseparabilidade (uns poucos momentos, um minuto ou mesmo uma hora) sem qualquer fabricação. Essa pode ser considerada uma meditação sobre a boditchita absoluta.

O método habitual para despertar a boditchita é recitar um texto, mas não se esqueça de que é totalmente inútil repetir os versos correspondentes de seu texto de ngondro sem estar sinceramente motivado a praticar em prol da iluminação de todos os seres sencientes.

A esta altura, você já tem um maior entendimento de que modo o despertar da boditchita atua como um antídoto para o ego. Assim, obviamente, você nunca deve tentar gerar a boditchita motivado pela ambição de ser reconhecido como um grande bodisatva.

Sempre se lembre de que nenhum de nós consegue passar o tempo todo com pessoas de quem gosta, por isso, quando você se encontrar entre pessoas de quem você realmente não gosta, procure ter bons pensamentos, por mais que pareçam tolos, falsos ou mesmo hipócritas. Lembre-se de que sua maneira de reagir aos outros é meramente sua própria interpretação de quem eles são, e tente se colocar no lugar da pessoa que o está irritando. Não se esqueça de que ela se sente tão paranoica quanto você e é igualmente escravizada por suas poderosas emoções. Ou então, imagine que essa pessoa exasperante foi enviada pelos budas e bodisatvas para ajudá-lo a gerar mais boditchita.

Em todas as situações, tente sempre desenvolver um bom coração. Afinal, um bom coração é a chave para o amor, a compaixão e a boditchita. Sem a boditchita, todas as práticas que fizer servirão apenas para aumentar seu já gigantesco ego. Ter um bom coração e praticar a bondade amorosa (que são duas maneiras de descrever a mesma coisa) são as sementes da boditchita, mas, a não ser que você desperte o desejo de iluminar todos os seres sencientes, a boditchita nunca desabrochará por completo em sua mente.

Para aqueles que estão praticando despertar a boditchita em retiro, a visualização do campo de mérito é extremamente importante. Ela é exatamente a mesma de quando você tomou refúgio, mas aqui os budas e bodisatvas estão presentes como testemunhas de sua decisão. Comprometer-se a conduzir todos os seres sencientes à iluminação, na presença desses seres sublimes, o protegerá de obstáculos e também fará com que a boditchita pareça mais real para você e, portanto, mais benéfica e poderosa, fortalecendo seu compromisso sagrado de manter sua palavra.

9
A prática de purificação: meditar sobre o guru como Vajrasatva

A essência de toda a prática do ngondro é treinar mentes habituadas a serem rígidas para torná-las flexíveis, e todos nós sofremos de rigidez mental. Por quê? Principalmente, porque nos entregamos com facilidade às nossas respostas emocionais e aos objetos de nossas emoções, que são a esperança e o medo. Por éons, quase tudo que pensamos e sentimos, todas as nossas interpretações, têm raízes na esperança e no medo, que por sua vez aprisionam nossa mente a emoções turbulentas, coibindo-a a ponto de perdermos todo controle sobre ela. Por isso, de acordo com os ensinamentos shravakayana, precisamos *domar* a mente; do ponto de vista do bodisatvayana, devemos *treiná-la* para que seja útil; e, da perspectiva do vajrayana, precisamos *reconhecê-la*.

Para simplificar, porém, vamos usar a expressão "treinamento da mente". O primeiro passo no treinamento da mente é repetidamente reconhecer a futilidade da vida samsárica e refletir sobre isso. Como já vimos, continuar a valorizar qualquer aspecto da vida mundana cria uma brecha em nossa atitude fundamental que, mais cedo ou mais tarde, acabará comprometendo a prática do Darma. Desse modo, é importante reconhecer genuinamente que as atividades mundanas, os bens materiais e os relacionamentos são coisas inúteis. Como foi dito, um ótimo método para trazer de forma clara à mente o quanto o samsara é totalmente estéril é contemplar as fundações comuns. Embora o Darma possua um vasto tesouro de ensinamentos extraordinários, podemos acumular uma tremenda quantidade de mérito apenas ouvindo, incontáveis vezes, os ensinamentos sobre esses quatro pensamentos ou contemplações.

Depois de estabelecer as duas primeiras fundações da prática do ngondro, desviando nossa atenção do caminho errado para o caminho certo por meio da prática de tomar de refúgio e do caminho menor para o caminho maior por meio do despertar da boditchita, agora a prática de Vajrasatva nos mostra como limpar e purificar o receptáculo, ou seja, o corpo, a fala e a mente, no qual colocaremos o néctar do Darma.

De acordo com o vajrayana, nosso corpo físico é um receptáculo tanto quanto nossa mente, e também precisa ser limpo e purificado. As tradições do bodisatvayana e do shravakayana têm uma visão diferente. Elas consideram que a mente é o único receptáculo para o Darma e, embora concordem que a mente precisa ser domada, insistem que o corpo é apenas um servo da mente e nos aconselham a tratá-lo como um senhor trataria o escravo. O escravo recebe casa e comida em troca de trabalho, mas o senhor deve ter cuidado para não ser excessivamente tolerante se o escravo tentar se aproveitar dele. Como escreveu Shantideva nos versos que já apareceram neste texto, mas merecem ser repetidos:

> Escravos que se mostrem inaptos para o trabalho
> Não são agraciados com roupas e mantimentos.
> Por que você sustenta com tanto sofrimento
> Este corpo que, embora nutrido, irá abandoná-lo?
>
> Portanto, pague a este corpo a remuneração que lhe cabe,
> E assegure-se de fazê-lo trabalhar em seu benefício.
> Não esbanje tudo, porém,
> Com algo que não lhe trará benefício perfeito.[14]

Do ponto de vista do vajrayana, porém, porque o corpo físico é nossa parte mais tangível e óbvia, ele pode ser usado como ferramenta em todos os estágios do caminho, não apenas como um escravo ou como um receptáculo. Assim, a estrutura, as sensações, o bem-estar e a nutrição de cada parte de nosso corpo, interna e externamente, são de máxima importância no caminho para a liberação.

Obscurecimentos e impurezas: carma negativo

O *Sutra Jatakamala*[15] diz que os demônios sofrem suas maiores agonias quando veem uma pessoa se dedicar ao caminho da liberação. É certo que os novos praticantes de Darma encontrarão muitas joias inestimáveis no caminho, mas é igualmente provável que irão ativar muitos obstáculos — o que nos leva à questão do carma "negativo".

"Carma negativo" é uma das muitas maneiras como Darma descreve os obscurecimentos e as impurezas, que em geral se manifestam como obstáculos e que precisamos purificar. Porém, é difícil dizer se uma reviravolta inesperada em nossos planos é de fato um obstáculo ou uma benção. Às vezes, os praticantes passam por longos períodos em que a prática parece não surtir o menor efeito sobre obstáculos aparentemente inabaláveis e, por isso, começam a acreditar que a prática não esteja funcionando. Contudo, estão enganados. Mais tarde, olhando para trás, eles percebem que o "obstáculo" que tentavam eliminar com tanto desespero era, na verdade, a melhor coisa que podia lhes ter acontecido. Esse tipo de reviravolta é bem comum e, quando os praticantes adquirem mais experiência, passam a ver que as circunstâncias "ruins" criam um solo muito mais fértil para a prática do que as circunstâncias "boas".

Então, o que purificamos com a prática de Vajrasatva? Sobretudo, a impureza da fixação ao eu. Nenhuma das nossas impurezas é especialmente difícil de ser purificada, pois são, por natureza, temporárias. No entanto, as impurezas fazem parte do nosso carma há tanto tempo que se tornaram hábitos profundamente arraigados, e pode parecer impossível separar "eu" de "minha impureza". O próprio fato de ser tão difícil fazer essa distinção explica porque é de crucial importância para nós fazer o esforço de purificar.

Para um praticante do vajrayana, o nome Vajrasatva instantaneamente evoca os princípios de purificação e limpeza. As duas palavras implicam a presença de "sujeira" — estamos presos a esses termos por falta de linguagem mais precisa — e tendem a provocar uma paranoia extrema no praticante em relação à perspectiva de que todas as suas impurezas e obscurecimentos sejam expostos, um suplício que a maioria de nós faria qualquer coisa para a evitar. Preferimos focar em nossas qualidades positivas. Ainda assim, purificar impurezas é revelar nossa natureza búdica; se a natureza búdica não fosse uma parte inerente a nós, não haveria razão para tentarmos purificar nossas impurezas. Esse ponto é muito importante, porque, depois de entendermos isso, não ficaremos mais tão neuróticos em relação a nossos defeitos. Mas esse é um aspecto da purificação que muitos praticantes deixam escapar. Eles gastam toda sua energia a fim de evitar admitir que tenham qualquer sujeira pessoal e, menos ainda, a raiva, inveja e avareza que os governam. Portanto, em vez de se preocupar com o que deve ser purificado, é muito mais produtivo se concentrar em revelar nossa natureza búdica por meio da prática de Vajrasatva.

Esse ponto é bem ilustrado com o exemplo da xícara manchada de café. Afinal, por que lavar a xícara? Porque você quer que ela fique limpa. Mas, se a xícara fosse permanentemente suja, por mais que você se esforçasse, nunca conseguiria remover as manchas, e todo o processo seria frustrante e doloroso demais. É por isso que pensamos em termos de "revelar" a natureza búdica, que é o ponto essencial da prática de Vajrasatva, e não de "purificar" impurezas. Tenha em mente que os ensinamentos budistas, principalmente os do vajrayana, não têm nada contra a sujeira, e que a sujeira não é a xícara, mas uma entidade completamente distinta.

Por que visualizar o guru como Vajrasatva?

Seu guru é o reflexo de sua devoção e mérito, e a devoção é uma manifestação de sua natureza búdica e mérito. Sem mérito, você não será capaz de reconhecer seu guru ao encontrá-lo ou, como Devadatta, de perceber uma única de suas qualidades. Portanto, o mérito tem um papel fundamental em sua capacidade de reconhecer seu guru, e a devoção é uma expressão desse mérito.

O papel do guru muda ao longo do ngondro, da mesma forma que o papel de uma mulher muda de acordo com sua função em cada interação. Para sua mãe, ela é a filha, para o marido, ela é a esposa, para o empregador, ela é a pessoa que limpa a casa. Da mesma forma, todos os budas e bodisatvas são, em essência, exatamente iguais, mas, porque somos criaturas dualistas, o nome, a cor e a aparência de cada um deles nos ajuda a focar em tarefas específicas.

Nessa prática, é nosso guru, visualizado como Vajrasatva, quem purifica nossas impurezas.

Tecnicamente falando, uma forma de prática de purificação perfeitamente válida seria visualizar Guru Rinpoche acima de sua cabeça, em vez de Vajrasatva, e recitar o mantra de cem sílabas ou o mantra de seis sílabas de Vajrasatva ou ainda o mantra de doze sílabas de Guru Rinpoche — o vajrayana é um tesouro de métodos incríveis. O poder de purificação, entretanto, sempre esteve conectado a Vajrasatva, e a prática de Vajrasatva é considerada o método supremo de purificação. A história do budismo nos conta que os poderes fantásticos de Vajrasatva originaram-se da aspiração que ele fez quando era um bodisatva. Ele aspirou a que, depois que ele atingisse a iluminação, seu nome fosse em si mesmo suficiente para purificar as impurezas mais infames.

Nessa prática, você visualiza seu guru como Vajrasatva, e aqui, mais uma vez, os alunos sempre perguntam: "Por que não visualizar o guru simplesmente como ele é?" Nesse caso, um dos riscos de imaginar o guru como um ser humano comum é que, ao fazer a confissão, talvez você se sinta tentado a ocultar algo. No fim das contas, se seu guru é só uma pessoa comum, como ele pode saber se você está sendo completamente honesto? Ele já não demonstrou, em diversas ocasiões, que não está ciente de muitas coisas que você já fez, e essas aparentes lacunas no conhecimento dele não são de algum modo tranquilizadoras? Estamos condicionados a não nos comportar mal diante de nosso guru, mas seria horrivelmente constrangedor se ele soubesse das coisas que fazemos quando não estamos em sua presença. Tudo isso torna mais difícil para nós ter uma devoção vigorosa pelo guru ou pensar nele como se ele fosse o Buda. É por isso que visualizamos o guru na forma do onisciente Buda Vajrasatva, que sabe tudo o que há para saber sobre o passado, o presente e o futuro, e de quem não podemos esconder nada. Essa é uma grande oportunidade de expor todo o espectro de nossas ações vergonhosas e negativas, e repetir isso muitas vezes acaba sendo um tremendo alívio.

Devoção: confiança no mantra e na visualização

Mipham Rinpoche diz, em seu comentário sobre o *Tantra Guhyagarbha*, que a visualização deve ser clara e vívida, seja qual for a deidade da mandala que você pratica. Ainda assim, aqueles que têm dificuldade em visualizar e só conseguem imaginar uma generalização abstrata e vaga podem estar certos de que, se tiverem uma devoção genuína e confiança em seu guru, no caminho e na eficiência do mantra, alcançarão todas as realizações espirituais, tanto as comuns como a suprema.

Há muitos níveis de devoção. A devoção suprema é a convicção absoluta de que a deidade e o mantra são inseparáveis. Se você não for capaz de gerar a devoção suprema, tente desenvolver uma devoção inabalável, que é uma confiança implícita nos ensinamentos do Buda e em seu mestre e realiza totalmente os caminhos do mantra e da visualização.

A devoção e a confiança no poder do mantra também são de máxima importância. Como um praticante do ngondro, quando você recita o mantra de Vajrasatva, você deve acreditar com confiança e devoção inabaláveis que o mantra é o Buda Vajrasatva — mesmo durante as sessões em que a mente está frenética e caótica. Mipham Rinpoche escreveu que a realização não é possível para aquele que não tem sabedoria para compreender o significado profundo do mantrayana e cuja mente obstinada, indecisa e incessantemente analítica cria obstáculos internos. Ainda que a mente esteja distraída e rodopiando em todas as direções, o praticante vajrayana deve ter total confiança no poder do mantra, que é tão formidável que permaneceria mesmo que o céu deixasse de existir.

Os quatro poderes

Certos ingredientes são vitais para a prática de Vajrasatva ser efetiva:

1. convicção de que Vajrasatva tem o poder de purificá-lo;
2. arrependimento genuíno e remorso em relação a todas as atividades negativas do passado, presente e futuro;
3. resolução e determinação de jamais perpetuar essas ações negativas novamente;
4. convicção absoluta no poder da prática.

Eu quase posso ouvir você pensando: "Tenho certeza de que acabarei fazendo alguma coisa negativa. Não vou conseguir evitar! Talvez seja melhor eu não praticar Vajrasatva." Esses pensamentos são apenas um sinal de que você está entendendo essas informações de forma muito literal. Lembre-se de que você é um "praticante", o que significa que está praticando para se acostumar a um novo modo de ser e pensar, e ninguém espera que você mantenha todas as suas promessas logo de início (embora você deva sempre fazer o seu melhor).

Mesmo que não se lembre de ter feito alguma coisa errada ou da qual se arrependa nesta vida, você pode ter certeza de que isso não venha a acontecer? Ou de que nunca tenha feito algo negativo em uma vida passada? Estando ciente ou não de ter se comportado mal, é importante cultivar o arrependimento em relação a toda e qualquer ação negativa que você tenha cometido desde o princípio sem princípio e estar determinado a nunca mais agir negativamente. Você também deve acreditar que Guru Vajrasatva é de fato onisciente, onipotente, imensamente poderoso e compassivo; que ele está bem à sua frente enquanto você pratica e que a prática em si vai funcionar.

A visualização

Pense que você está em sua forma comum, com impurezas e tudo o mais, e visualize o guru na forma de Guru Vajrasatva, acima de sua cabeça. Ele deve surgir como um reflexo na água, talvez um pouco vazio e sem vida no início, e se tornar aos poucos mais e mais dinâmico. (Para ter uma ideia de como um reflexo "surge", olhe-se no espelho: quando você se move, seu reflexo se move.)

Vajrasatva é de cor branca, está adornado com todos os ornamentos do sambhogakaya e abraça sua consorte. Na mão direita ele segura um vajra na altura do chacra do coração; na esquerda, um sino, que ele apoia na coxa esquerda. Um pequeno assento de disco de lua aparece no coração de Vajrasatva, e em seu centro está a sílaba *hum*. Tenha certeza absoluta de que Vajrasatva é a manifestação da mente de todos os budas, invocando-o com fervor e com a plena confiança de que ele está de fato sentado acima de sua cabeça.

O FLUXO DE NÉCTAR

Enquanto você recita o mantra de cem sílabas de Vajrasatva, visualize que da sílaba *hum* irradiam-se raios de luz esplêndidos para todas as dez direções, emanando oferendas infinitas de flores, incenso, casas de banho indianas, mansões requintadas, jardins viçosos, pavões, elefantes e todas as coisas bonitas e desejáveis que possa imaginar. Levadas pelos raios de luz, essas oferendas são oferecidas aos budas e bodisatvas das dez direções e depois retornam à sílaba *hum* no coração de Guru Vajrasatva juntamente com todas as bênçãos deles. Enquanto você continua a recitar o mantra, um néctar flui do *hum* em forma de luz ou de um líquido leitoso, preenchendo o corpo de Vajrasatva e fluindo através de seu local secreto para o corpo da consorte, preenchendo-a também. O néctar continua a jorrar ininterruptamente da sílaba e sai por todos os poros de ambas as deidades, em especial pelo lugar secreto delas, jorrando como uma cachoeira na fontanela no topo de sua cabeça.

Quando o néctar desce por sua cabeça, preenchendo do topo de seu crânio até sua testa, ele começa a expulsar todas as doenças, obscurecimentos, impurezas e energias ruins, empurrando-as corpo abaixo e expelindo-as por seu ânus, local secreto e dedos do pé. Todas as doenças físicas agora saem de seu corpo em forma de pus e sangue, e você pode considerar que todas as impurezas relacionadas a atividades físicas, em outras palavras, o carma negativo acumulado por matar, roubar ou má conduta sexual e todas as doenças físicas e sintomas, tais como dor de cabeça e dor de estômago — na verdade, qualquer coisa que caia na categoria de impurezas do "nadi"—, são purificadas. Nadi são os centros de energia e canais que percorrem seu corpo. Eles são poluídos quando matamos pessoas, convivemos com quebradores de samaya, ou nos envolvemos com ou visitamos lugares em que vivem pessoas que quebram samaya ou seres obscurecidos, ou quando comemos alimentos preparados por essas pessoas. Durante a prática de Vajrasatva, limpamos os canais e chacras bloqueados e enferrujados, da mesma maneira que usamos um alvejante forte para limpar o vaso sanitário.

Seja criativo em sua visualização. Imagine, por exemplo, que enquanto o néctar flui e o purifica, seu corpo realmente muda de cor. Assim, quando o néctar chega à sua testa, a metade superior de seu crânio torna-se clara e branca, enquanto o resto de seu corpo continua escuro e com aspecto de sujo. Esse método intensifica o poder de sua visualização e, se lhe parecer útil, por que não tentar?

Lembre-se, mais uma vez, de que você é um principiante, e que é uma insensatez pensar que conseguirá compor todos os detalhes da visualização em uma sessão, embora, se for possível, você deva obviamente fazê-lo. Caso contrário, simplesmente faça o melhor que puder.

Se você estiver acumulando 100 mil recitações do mantra de cem sílabas de Vajrasatva, foque-se em um aspecto diferente da visualização durante cada sessão de prática. Por exemplo, num dia recite o mantra enquanto se concentra na visualização de Vajrasatva acima de sua cabeça, no dia seguinte, foque-se na sílaba *hum* no coração de Vajrasatva, enquanto o resto da visualização fica mais difusa. No terceiro dia, concentre-se no fluxo de néctar e, no quarto dia, visualize esses três aspectos em conjunto. Se você tem muito tempo, visualize por uma semana ou um mês o néctar entrando sua cabeça, depois imagine que ele flui até a garganta por outra semana ou um mês. Se não tem tempo, foque-se meia hora na testa e depois na garganta. Outra opção é tentar praticar cada um dos estágios por quinze, cinco ou dois minutos — depende inteiramente de você. Mas, por favor, seja flexível.

Embora estritamente falando o néctar purifique *todas* as impurezas, conforme ele flui pela garganta, você pode imaginar as impurezas relacionadas especificamente com a fala, tais como mentiras, linguagem abusiva, ameaças, palavras ríspidas, fofocas e erros cometidos durante a recitação de mantras (por exemplo, omitir palavras, adicionar palavras ou pronunciar errado). O néctar também purifica a energia ruim e os problemas relacionados à fala, como ser mal compreendido. Por exemplo, quando você diz "direita" as pessoas pensam que você disse "esquerda" ou, por mais bondoso que seja seu coração, tudo o que você diz aborrece e irrita os outros, porque suas palavras e ordens não têm força, ou não são suficientemente sedutoras, ou são até sedutoras demais.

É particularmente importante que os alunos do vajrayana lidem com as impurezas do prana, ou ar interno, e a prática de Vajrasatva é um ótimo método para isso. Podemos danificar e obscurecer nosso prana de muitas maneiras, por exemplo, ao respirar um ar ruim, fumar haxixe e charutos, beber álcool, difamar mestres vajrayana, fazer julgamentos dualistas sobre fenômenos puros ou, até mesmo, ao inalar um incenso impróprio. Todos os dias respiramos vários tipos de impurezas que obscurecem o prana, o que precisa ser limpo e purificado.

Uma visualização muito poderosa é imaginar que, quando o fluxo de néctar carrega as impurezas do prana para fora de seu corpo, ele emerge na forma de um líquido preto a partir do ânus, do local secreto e dos dedos dos pés. Em seguida, toda a energia ruim do prana sai do corpo na forma de borboletas, escorpiões, insetos e animais.

Conforme você continua a recitação do mantra de cem sílabas, o néctar flui até seu chacra do coração e purifica todas as impurezas relacionadas à mente, incluindo, por exemplo, o carma negativo criado por inveja, competitividade, agressão, egoísmo, orgulho, cobiça, desejar mal aos outros e visão errônea — inclusive as visões extremas, como sacrificar seres vivos em nome de práticas espirituais. Devemos ter acumulado uma quantidade imensa dessas impurezas em vidas anteriores e ainda estamos maculados por elas. Existem também muitos distúrbios mentais que resultam da impureza da "bindu", que significa "gota" ou boditchita. Alguns exemplos são depressão, ansiedade, nervosismo e bulimia, assim como uma ambição obsessiva, beirando a insanidade, que nos instiga a querer atingir a iluminação antes de todos os outros. Esses são apenas exemplos óbvios. Há muitas outras impurezas sutis relacionadas à bindu — estamos absolutamente carregados delas — que, em essência, separam sujeito e objeto. E nossa incapacidade de unir sujeito e objeto, aparência e vacuidade, é o tipo mais sutil de impureza.

Existem muitas maneiras de ser criativo nessa prática. Você pode ir passo a passo, da fontanela até a testa, depois até a garganta e assim por diante, ou pode fazer toda a visualização de uma vez, ou ainda praticar em etapas, um dia purificando as impurezas do nadi e recebendo a iniciação do vaso, no dia seguinte purificando as impurezas do prana e recebendo a iniciação secreta e, no terceiro dia, purificando as impurezas da bindu e recebendo a terceira e a quarta iniciações. Você decide como quer praticar.

Embora as iniciações principais ocorram durante a guru ioga, aconselho veementemente que você pense que, ao purificar as impurezas físicas e obscurecimentos do nadi, você também recebe a iniciação do vaso; depois, conforme o néctar flui pela garganta, você recebe a iniciação secreta; quando ele chega ao coração, você recebe a iniciação de sabedoria e a iniciação da palavra. (Uma explicação mais ampla sobre as quatro abhishekas, ou iniciações, aparece no capítulo 13.)

No final, imagine que todo o néctar sujo se dissolve na terra ou na vacuidade que é shunyata.

DISSOLUÇÃO DA VISUALIZAÇÃO

Depois de você recitar o número desejado de mantras de cem sílabas, Guru Vajrasatva se dissolve em você. A explicação sobre o processo de dissolução aparece no capítulo 5, portanto, aqui só vou acrescentar que esse é um método tão poderoso que você deve considerar fazer a dissolução e observar a inseparabilidade repetidas vezes. Com isso, você demonstra que é um buda e sempre foi um buda, desde o princípio sem princípio. Não é preciso esperar até o fim da prática para dissolver a visualização. Você pode, por exemplo, fazer a dissolução após completar cada mala da recitação do mantra e restabelecer a visualização antes de começar o próximo mala. Esse é um método excelente, que recomendo às pessoas que têm bastante tempo para praticar.

No final da sessão, Vajrasatva se dissolve em você pela última vez, e vocês se tornam inseparáveis. Permaneça nesse estado e observe a inseparabilidade.

Depois, ainda como Vajrasatva, se você estiver fazendo o ngondro do Longchen Nyingtik, recite o mantra de seis sílabas, *om va jra sa tva hum*. Nos textos mais curtos, estando limpo e purificado, simplesmente descanse na confiança de ser Vajrasatva enquanto recita o mantra. Não se preocupe em dissolver esse estado, ele se dissolverá automaticamente — se você tiver muita sorte, talvez consiga permanecer nesse estado por cerca de meio segundo.

Samaya

A maioria dos textos de prática contém alguma referência ao samaya na confissão. Para aqueles que praticam Vajrasatva existem três samayas gerais que devem ser observados: (1) não prejudicar os outros; (2) ao contrário, ajudá-los; (3) manter a percepção pura, especialmente sua percepção do guru.

O que é "samaya", então? Como praticantes do vajrayana, praticamos os três veículos ao mesmo tempo — o shravakayana, o bodisatvayana e o vajrayana —, portanto, talvez seja útil conhecer um pouco da teoria do samaya de cada veículo.

No shravakayana, o samaya é visto como uma cerca e se baseia no princípio de não prejudicar os outros, o que é aplicado quando evitamos matar, mentir e roubar. De acordo com esse sistema, se você seguir o caminho espiritual para o pico da montanha da iluminação, seu caminho será sempre protegido pela cerca do samaya, o que garante que você nunca será tentado a se desviar.

A visão do bodisatvayana é um tanto mais ampla e orientada para a motivação do que a visão do shravakayana, consequentemente, as cercas são mais altas e extensas. De acordo com essa visão, se roubar beneficiasse os outros de alguma forma, você estaria quebrando o samaya se *não* roubasse. Ao mesmo tempo, beneficiar os outros não significa ser uma versão moderna de Robin Hood. Beneficiar os outros genuinamente é conduzi-los à iluminação.

As cercas que protegem os alunos do vajrayana são ainda mais sofisticadas, pois se fundamentam no desenvolvimento e manutenção da percepção pura. Existem muitos samayas no vajrayana, sobretudo os "14 samayas-raiz", e todos são muito difíceis de manter. Por exemplo, considerar uma garota bonita e outra feia é quebrar os "samayas do corpo vajra", mas, se conseguisse mantê-los, você se livraria para sempre de todos os pensamentos dualistas. O oitavo samaya proíbe você de maltratar seu próprio corpo, que é, em essência, as cinco famílias búdicas — assim sendo, desdenhar seu corpo e tratá-lo mal é quebrar o samaya. Devo acrescentar que aqueles que se consideram seres desprezíveis e inúteis, indignos de ocupar até os espaços mais ínfimos neste mundo, também estão quebrando esse samaya.

O sétimo samaya-raiz diz que você deve manter secretos seu guru, sua prática e seus objetos rituais, algo que as pessoas modernas acham muito difícil de fazer. Mesmo o propósito do segredo mais mundano, como a data de um ensinamento ou o local onde será realizado, é tão grosseiramente mal interpretado que as pessoas que não estão lá ficam com inveja e se sentem excluídas. Em um nível mais sutil, quando o mestre tântrico diz ao aluno para manter em segredo uma instrução, muitas vezes o aluno não compreende que, se ele obedecer, sua prática terá mais chances de se desenvolver e amadurecer, mas, se ele falar sobre isso para todo mundo, é provável que atraia o tipo de comentário maldoso que abre caminho para os obstáculos.

O voto de pratimoksha é como um pote de barro: uma vez quebrado, é difícil de consertar. Logo, se um monge shravaka que não devolveu os votos dorme com uma mulher para satisfazer seu próprio desejo, ele não terá permissão para renovar os votos de monge nesta vida. No entanto, os votos do bodisatvayana e do vajrayana são como potes feitos de ouro. Embora seja certo que os praticantes principiantes do vajrayana irão quebrar esses votos e samayas todos os dias, com um pouco de cuidado e atenção, eles são facilmente restaurados (por exemplo, recitando o mantra de cem sílabas) e, como um pote de ouro restaurado por um ourives, podem até ficar mais bonitos.

Guru Rinpoche disse que a visão do praticante vajrayana deve ser tão vasta quanto o céu e suas ações tão refinadas quanto os grãos de farinha. Como manter todas essas regras, apesar das contradições? O melhor que podemos fazer é tentar obedecer às regras do pratimoksha e do bodisatvayana e, pelo menos, fazer um esforço para compreender as do vajrayana. Para quem está começando, manter todos os votos e samayas do vajrayana é praticamente impossível, por isso, concentre-se em tentar não fazer o mal, ajudar no que puder e ter a aspiração de manter o samaya.

10
Oferenda de mandala

Depois de nos purificarmos com a prática de Vajrasatva, precisamos agora nos equipar com todas as ferramentas necessárias para acumular mérito. Fazemos isso com a oferenda de mandala.

Mérito

O que é "mérito"? De uma certa perspectiva, mérito é "habilidade", todas as habilidades que nos permitem ouvir, contemplar, meditar e praticar o Darma, incluindo a habilidade sermos curiosos. Hoje em dia, nosso mérito é tão limitado que a grande maioria dos seres humanos não tem a capacidade de reconhecer como o Darma é especial. Além de nos faltar mérito para praticar o Darma, o pouco mérito de que dispomos sequer nos permite desfrutar da vida samsárica.

A maneira como interpretamos as informações e nossas experiências de mundo depende inteiramente de quanto mérito acumulamos. Por exemplo, o que a palavra *impermanente* significa? No nível mais grosseiro possível, aqueles que têm muito pouco mérito acreditam que *impermanente* significa decadência e morte ou o passar das estações do ano. Quando começamos a acumular mérito, porém, nossa compreensão se torna mais sutil. Imagine que você esteja experimentando um momento de felicidade. Se tiver um pouco de mérito, conseguirá até certo ponto interpretar e compreender a "impermanência" e também poderá observar o vai e vem de seu humor, que oscila entre felicidade e infelicidade. Como resultado, a intensidade de suas frustrações e esperanças diminuirá.

Uma forma de acumular mérito é fazer oferendas de alimento, dinheiro, flores, música e assim por diante, mas hoje em dia a maioria das pessoas prefere gastar dinheiro com coisas "úteis" e evita desperdiçá-lo. Então, é fácil entender porque pode parecer um desperdício oferecer lamparinas e enormes quantidades de comidas e bebidas caras nos tsogs.

Nyoshul Khen Rinpoche contou-me a história de uma francesa que pediu a ele que lhe desse um ensinamento de mahasandhi e a introduzisse à natureza da mente. Foi um pedido bastante casual e, provavelmente, um impulso repentino, mas como aquilo inspirou Khen Rinpoche a descobrir que ainda existem pessoas nestes tempos de degenerescência interessadas em ensinamentos tão profundos, ele aceitou. Como o mahasandhi é um ensinamento extremamente precioso, os alunos precisam acumular muito mérito para receber, ouvir e escutá-lo adequadamente. Por isso, reconhecendo que essa aluna precisava de mérito, Nyoshul Khen sugeriu que ela oferecesse um tsog. Encantada com a ideia, a mulher acompanhou Khenpo nas compras.

Paris é um lugar maravilhoso para se fazer compras e, em minutos, ela comprou uma barra de chocolate que custou um euro. Ela mostrou a barra de chocolate para Khenpo e perguntou se era o suficiente para oferecer no tsog. Essa é uma pergunta difícil de responder. O Darma, especialmente os ensinamentos de mahasandhi, está além de qualquer preço — nem sequer 3 mil sistemas de mundo com todas as coisas neles contidas estariam perto de ser o suficiente para se oferecer por uma única palavra do mahasandhi. Então, o que Khenpo poderia dizer sobre a barra de chocolate? Mas, pensando que talvez ela não tivesse muito dinheiro, Khenpo não disse nada, e continuaram a fazer compras. Logo em seguida, chegaram à seção de perfumes de uma requintada loja de departamentos e, para a surpresa de Khenpo, a mulher não hesitou em se presentear com um frasco de seu perfume favorito, que custou o equivalente a dez euros.

As pessoas modernas não têm o mérito de serem capazes tanto de escutar como de ouvir o que está sendo falado, e é comum não entendermos o que está realmente sendo dito em ensinamentos de Darma que já recebemos muitas vezes. Somos incapazes de escutar com atenção e às vezes não escutamos nada, porque a mente se distrai com grande facilidade. Mesmo quando escutamos, não conseguimos de fato escutar, interpretar e refletir sobre o que aprendemos a partir de um ângulo diferente. O resultado é que levamos extremamente a sério os fragmentos de informação que, quase por acidente, se depositam em nossa mente porosa como uma peneira.

Infelizmente, não temos mais o mérito necessário para conhecer grandes mestres ou receber ensinamentos deles. Todavia, embora os objetos de devoção atuais não estejam à altura dos grandes mestres do passado, isso não faria tanta diferença se conseguíssemos aumentar nosso estoque de mérito. Patrul Rinpoche ilustra como isso funciona na história do dente de cachorro. Uma senhora tibetana pediu ao filho que lhe trouxesse uma relíquia do Buda para servir como objeto de devoção em sua prática. Infelizmente, o filho se esqueceu da promessa e, para não decepcionar a mãe, se viu forçado a dizer que o dente de um cachorro morto que ele encontrou na sarjeta era um dente do Buda. Contudo, a devoção da mãe por aquele dente e o mérito que isso gerou foram tão grandes, que logo o dente de cachorro se transformou em um genuíno dente do Buda, do qual surgiram relíquias (ringsel) milagrosas.

Você mesmo pode testar e experienciar o poder do mérito. Leia um livro do Darma uma vez e depois faça algumas oferendas de mandala da forma mais completa e com a maior concentração e determinação que você conseguir reunir. Então, leia o mesmo livro novamente. Você verá que sua compreensão se transformou. Em vez de ter uma noção superficial do ponto principal de cada capítulo, você conseguirá interpretar cada palavra com muito mais precisão do que antes. Procure também receber ensinamentos de um professor que você ache entediante — após algumas oferendas de mandala, sua opinião será bem diferente. E, se antes de fazer a acumulação de oferendas de mandala você não conseguir que sua mente se acalme e se frustrar com seus devaneios por lugares distantes, tente fazer primeiro a meditação de shamata. Mais uma vez, sua experiência da prática se transformará por completo.

Ter o mérito de receber ensinamentos é uma coisa, mas ter mérito suficiente para ser capaz de escutar e ouvi-los corretamente é outra — foi por isso que se estabeleceu a tradição de fazer a oferenda de mandala no início de ensinamentos sobre o Darma. O mérito é necessário para que possamos compreender o Darma, bem como a cada passo do caminho, inclusive para termos a capacidade de apreciar o guru. Se você tiver mérito suficiente, você será capaz de interpretar a aparência do professor de uma maneira benéfica, mesmo quando ele estiver doente, bocejando ou aparentemente perdendo a paciência. Afinal, não é isso que você deseja? Por outro lado, sem o mérito, mesmo que o guru se comporte como um anjo, você encontrará motivos para criticá-lo e acabará não encontrando benefício nessa conexão.

COMO O MÉRITO É GERADO

Como já vimos na seção sobre tomar refúgio, há dois campos de acumulação de mérito, e uma das qualidades exclusivas do Budadarma é que ambos são igualmente importantes.

O mérito é gerado pelas ações ou condições que nos aproximam rapidamente da verdade, e não meramente por boas ações ou atividades meritórias que visam conquistas mundanas temporárias, como vida longa ou renascimento mais elevado. É claro que a dinâmica do mérito também determina que, se formos materialmente generosos, receberemos muita riqueza e, se formos pacientes, seremos fisicamente atraentes. Mas, a rigor, se o resultado de uma boa ação convencional não for dedicado para a iluminação definitiva de todos os seres sencientes e não o aproximar da verdade, embora o carma positivo gerado traga satisfação, você não terá acumulado o tipo de mérito cobiçado por aqueles que seguem o caminho da iluminação. Uma fração de segundo gasta para fazer algo que é ao mesmo tempo benéfico e o aproxima da iluminação, por mais desagradável ou fora de moda que seja, será muito mais valiosa do que se envolver em um show de ostentação de atividades beneficentes prazerosas, que apenas resultarão em um renascimento mais elevado ou outras vantagens mundanas.

Em outras palavras, a quantidade e a qualidade de mérito que você acumula não é determinado pelo método de acumulação. De acordo com o bodisatvayana, o que determina se uma ação acumula mérito ou apenas carma positivo é ter sido realizada ou não com uma visão dualista. Por exemplo, oferecer um quilo de ouro com uma visão dualista não acumulará necessariamente mais mérito do que oferecer uma uva. Como disse Chandrakirti, o ato de dar livre de referências a quem dá, ao que é dado e a quem recebe o que é dado é descrito como a paramita que "transcende o mundo". E dar sem o menor apego ao ato de dar, ao que é dado e a quem o recebe é conhecido como a "ação perfeita dos seres mundanos".

No que diz respeito aos métodos para acumular mérito, existem muitos. Por exemplo: ser generoso, disciplinado e paciente; fazer oferendas, tanto materiais como visualizadas; confessar; regozijar-se com a boa fortuna de outras pessoas; e despertar o amor, a compaixão e a boditchita. Tomar refúgio é um método importante. Também é importante pedir aos seres sublimes que girem a roda do Darma e suplicar a eles que tenham uma vida longa, porque isso purifica as consequências cármicas de ter criado obstáculos para aqueles que receberam ensinamentos em vidas passadas.

O mahayana oferece uma combinação magnífica de sabedoria e métodos hábeis que são fáceis de ser executados e têm resultados impressionantes. Talvez você imagine que para acumular um mérito infinito seja preciso fazer sacrifícios tremendos que estão muito além de sua capacidade, tais como oferecer a própria carne e ossos ou a própria casa, mas oferendas materiais não são o único tipo de oferendas que podemos fazer — se fossem, haveria alguma coisa errada com o sistema, pois a maioria de nós não tem condições de fazer tais gestos extravagantes. Felizmente, o caminho mahayana tem sabedoria e habilidade para acomodar *todos* os praticantes, não apenas os ricos, e oferece métodos de visualização de substâncias de oferenda que acumulam exatamente a mesma quantidade de mérito que a oferenda material equivalente acumularia. Em outras palavras, o caminho mahayana é fácil, bem-aventurado e indolor e, ainda assim, seus métodos permitem que se acumule a mesma quantidade de mérito e sabedoria que seria acumulada com oferendas materiais.

A OFERENDA DE SETE RAMOS

Um exemplo de um desses métodos extraordinários é a oferenda de sete ramos, composta de sete formas diferentes de acumular mérito, cada uma delas adequada a propósitos específicos. As oferendas são as seguintes: prostração, oferenda, confissão, regozijo, pedir que a roda do Darma seja girada, suplicar aos budas que não passem para o parinirvana e dedicação de mérito. (Você pode optar por recitar qualquer oração de sete ramos dos sutras e de práticas budistas e consultar textos-raiz e comentários de sua tradição para descobrir onde elas aparecem na prática de ngondro.)

Prostração

Fazemos prostrações para pulverizar uma de nossas cascas mais resistentes, o orgulho. Dentro uma pessoa inchada de orgulho, não há espaço para que qualidades iluminadas cresçam e, sem qualidades iluminadas, as atividades de um bodisatva serão obstruídas. Além disso, o orgulho é inseguro por natureza e precipita muitos níveis de hipocrisia.

Imagine que seu corpo foi multiplicado exponencialmente e que trilhões e trilhões de "você" estão se prostrando diante dos objetos de refúgio. O Buda disse que você e cada uma de suas prostrações imaginadas acumularão exatamente o mesmo mérito.

Oferenda

O antídoto para a avareza é fazer oferendas. A avareza está enraizada em uma atitude de pobreza que não tem nada a ver com a pobreza material. Há muitas pessoas neste mundo que possuem fortunas fabulosas, mas estão sempre sentindo que lhes falta alguma coisa. Um dos efeitos colaterais da avareza é a mesquinhez, e uma pessoa mesquinha nunca desenvolverá as qualidades que tornam fácil e agradável para outras pessoas estarem em sua presença.

A quantidade de oferendas que podemos fazer é irrestrita — o céu é o limite! Embora o termo "oferendas ilimitadas" possa soar a nossos ouvidos como montanhas de bens materiais suntuosos, uma oferenda pode ser "ilimitada" mesmo quando não passar de alguns grãos de arroz, como é ilustrado na história de um menino chamado Chandragomi.

A família de Chandragomi era tão pobre que seus pais, irmãos e irmãs eram obrigados a mendigar por comida para não morrer de fome. Um dia, quando estava mendigando, Chandragomi notou uma estátua de Avalokiteshvara em um altar na beira da estrada. Ele se sentiu tão atraído pela expressão compassiva da estátua que colocou na mão dela alguns grãos de arroz que tinha conseguido naquela manhã. Para sua surpresa, mesmo tendo feito a oferenda com bastante cuidado, os grãos de arroz escorregaram da mão da estátua e caíram na terra. Ele ofereceu mais alguns grãos e, mais uma vez, eles rolaram para o chão. Chandragomi começou a se preocupar, achando que, por alguma razão, Avalokiteshvara não queria aceitar a oferenda. Ele continuou a colocar a mão no bolso, cada vez mais fundo, à procura de mais grãos para oferecer, até que não sobrou mais nada. A essa altura, Chandragomi já estava bem aflito e, com lágrimas escorrendo pelo rosto e tomado por remorso, disse a Avalokiteshvara: "Agora não sobrou nada para eu oferecer!" Naquele instante, o poder da total confiança do menino de que Avalokiteshvara estava de fato à sua frente deu vida à estátua, e Avalokiteshvara deu um abraço enorme em Chandragomi.

Obviamente, todos nós devemos tentar fazer oferendas materiais, mas talvez as oferendas imaginárias sejam menos arriscadas para os principiantes. Quando Atisha Dipamkara estava no Tibete, ele aconselhou os tibetanos a fazerem oferendas de água (é por isso que tantas tigelas de água são oferecidas nos templos budistas tibetanos), pois as oferendas devem ser sinceras e incondicionais, sem nenhuma sensação de arrependimento ou preocupação em relação a quem as recebe ou o que será feito delas. E é bem mais fácil para o principiante ser bem-sucedido nisso, se ele oferecer água.

Visualize no "olho" de sua mente montanhas de todas as substâncias de oferenda tradicionais, assim como qualquer coisa que você ache bonita, cara, desejável ou extraordinária, como as Cataratas do Niágara no Canadá, a Cidade Proibida em Pequim, uma gueixa elegantemente sedutora dançando em Tóquio ou um fuzileiro naval musculoso vestindo uniforme na Califórnia. Solte a imaginação e não limite as oferendas ao que é desejável em sua própria cultura.

Confissão

Em seguida, para destruir o esconderijo do ego, confesse e exponha suas ações negativas. A confissão é uma das formas mais efetivas de reagir à agressão. Esconder as falhas em um lugar bem profundo e escuro é como estar seriamente doente, mas não falar para o médico onde dói — sem essa informação vital o médico não poderá fazer um diagnóstico correto da doença ou talvez nem tentará fazê-lo.

Não se preocupe com o que você pode ter esquecido ou com a definição de ação negativa do ponto de vista budista, apenas faça o melhor que puder. Imagine que você está na presença de todos os budas e bodisatvas e que eles já sabem o que aconteceu no passado, o que acontecerá no futuro e o que está acontecendo no presente. Então, exponha todas as coisas que fez e pensou das quais se arrepende e se envergonha, expondo também os pensamentos e ações deploráveis que você possa ter no futuro, sem excluir nada.

Regozijo

Um método muito eficiente e fácil de acumular mérito é se regozijar com a boa fortuna dos outros, mas ironicamente a maioria de nós considera esse método uma verdadeira agonia.

Existem três causas principais para nos regozijarmos.

1. Regozije-se com a felicidade e as causas da felicidade dos outros; por exemplo, ao ver uma pessoa bonita, em vez de sentir inveja, regozije-se com sua beleza.
2. Ao ver alguém fazer algo positivo, regozije-se em vez de criticá-lo movido por rancor e inveja.
3. O melhor de tudo é, em vez de duvidar da possibilidade da iluminação ou da existência do estado búdico, regozijar-se com isso e suas causas. Regozije-se quando outras pessoas se envolverem com causas da iluminação, tais como ouvir e contemplar os ensinamentos e praticar meditação.

Regozijar-se com o sucesso de outra pessoa é, talvez, a forma mais fácil de acumular mérito, é como se uma montanha enorme de mérito estivesse esperando para ser acumulada por você. Quando você vir alguém fazendo algo de valor, a única coisa que precisa fazer para acumular oceanos de mérito é se regozijar. Esse é um antídoto potente para a resposta emocional mais ridícula e patética de que sofremos: a inveja. Em vez de se entregar à inveja, regozije-se ao ver uma pessoa bonita ou bem-sucedida e lembre-se de que essas duas qualidades são o resultado de muitas vidas praticando a paciência e a generosidade. Pense nas boas qualidades de todas as pessoas que você conhece — desde pessoas que administram hospitais até aquelas que criam arranjos de flores maravilhosos — e regozije-se com o que elas fazem de benéfico. Regozije-se também com os resultados de que elas desfrutam, como fama, admiração e beleza. Regozijar-se com as atividades dos budas e bodisatvas é especialmente eficaz.

Pedir que a roda do Darma seja girada

Vivemos em tempos de degenerescência, e um dos antídotos mais poderosos para a degenerescência e a ignorância (que é a raiz de todos os nossos problemas) é pedir aos budas e bodisatvas que nos ensinem ou "girem a roda do Darma".

O Buda passou para o parinirvana 2500 anos atrás, então, talvez você possa se perguntar qual seria o sentido de pedir continuamente a ele que nos ensine. No dia a dia, sempre que temos um problema, nossa primeira reação é pedir ajuda a alguém que consideramos respeitável e confiável. Nesse caso, o problema universal que temos de enfrentar no samsara é a ignorância fundamental e, portanto, precisamos pedir ajuda a alguém que saiba como dissipar essa ignorância. "Mas por que, e como, perguntar ao Buda?" é quase sempre nossa primeira reação. "Ele nem sequer está vivo! Vamos ter de esperar que o próximo buda apareça para saber a resposta?" Infelizmente, essas não são nem de longe as perguntas certas.

Pedir que a roda do Darma seja girada não significa simplesmente pedir para receber ensinamentos de modo convencional, pois o girar da roda pode se dar de muitas maneiras. Por exemplo, a roda pode girar quando você estiver fazendo algo banal, como assistir um episódio de sua novela favorita, ler um livro ou observar uma folha morta cair de uma árvore, pois qualquer coisa que sirva como a fagulha que acende sua compaixão e o leva a compreender a futilidade desta vida é um "giro da roda". Como já vimos muitas vezes, os alunos do Darma podem ficar confusos com textos sagrados que à primeira vista não conseguem entender. Mais tarde, tendo acumulado um pouco de mérito, eles passam a compreendê-los com bastante facilidade. Essa é uma das maneiras pelas quais os budas e bodisatvas giram a roda do Darma.

O Buda disse que estará conosco sempre que sentirmos devoção por ele. Portanto, ele está girando a roda do Darma continuamente, e tais ensinamentos nunca podem ser detidos.

Suplicar aos budas e os bodisatvas que não passem para o parinirvana

Suplicar aos budas e os bodisatvas que permaneçam no samsara e não passem para o parinirvana é como enfrentamos a visão errônea e a dúvida. A mente dos seres samsáricos é dualista, e as mentes dualistas são, por natureza, repletas de dúvidas que, por sua vez, criam as visões errôneas. Os praticantes espirituais não são diferentes. Passamos um tempo excessivo nos debatendo com dúvidas sobre nossa prática, caminho e estilo de vida espiritual — talvez o pior desafio que a maioria de nós enfrenta seja a dúvida, e essa é uma emoção nos acompanhará até o fim de nossa viagem espiritual. Acredita-se que as dúvidas tornam-se mais agudas conforme a inteligência aumenta, o que parece bastante lógico, pois quanto mais inteligentes somos, mais inteligentes são nossas dúvidas. Na realidade, o fato de termos tantas dúvidas é um de nossos maiores obstáculos, pois, entre outras coisas, perdemos muito tempo com elas. Quanto mais elas crescem, mais ficamos paralisados em um estado de autorrecriminação em série que, por sua vez, nos desvia a atenção da visão correta e nos faz perder a fé nas leis de causa, condição e efeito (carma), corroendo nossa crença na verdade última da realidade interdependente, em shunyata e nas Três Joias.

As dúvidas invadem a mente de várias maneiras. Você pode se perguntar por que sua saúde é tão frágil, mesmo após ter completado centenas de práticas de Darma. Ou, se os budas são mesmo oniscientes, o que os impede de eliminar o vírus da Aids, a pobreza ou o comércio ilegal de drogas? Afinal, eles não são poderosos? Existe mesmo uma "próxima vida"? É verdade que nós temos a natureza búdica? Muitas dessas dúvidas são resolvidas quando simplesmente ouvimos os ensinamentos. A maioria dos seres humanos, porém, precisa de alguma inspiração que não tenha nada a ver com raciocínio ou lógica para ganhar confiança, algo como ter uma experiência extraordinária ou conhecer uma pessoa inspiradora. Como precisamos "ver para crer", é geralmente quando conhecemos um mestre budista — a manifestação física do corpo, da fala e da mente do Buda e alguém que podemos ver, tocar e ouvir — que encontramos a inspiração mais profunda.

Não pedimos apenas aos budas totalmente qualificados, com todas as 32 marcas maiores e as 80 marcas menores, que permaneçam no samsara, pedimos também àqueles que personificam todas as grandes qualidades dos budas, dos bodisatvas e dos ensinamentos que continuem suas atividades. Eles são as fontes de inspiração para outros e todos os eventos e atividades que, por mais ilógicos ou impraticáveis que pareçam, nos inspiram e encorajam.

Dedicação

Por fim, sempre devemos dedicar nossas práticas e ações positivas rapidamente, para que não desperdicemos o mérito acumulado. Dedicar o mérito à felicidade última e iluminação de todos os seres sencientes é uma garantia de que o mérito ficará bem guardado e continuará a se acumular — como os rendimentos de um bom investimento financeiro —, permitindo que as ações positivas se tornem o caminho para a iluminação. Se não o dedicamos imediatamente, o mérito pode ser queimado em um lampejo de raiva ou consumido por qualquer outro dos pensamentos extremos ou ações negativas extremas de que somos presas.

MÉRITO: A ARMADURA QUE NOS PROTEGE DE OBSTÁCULOS

O Darma é considerado absolutamente inestimável e, como um diamante, capaz de cortar todos os tipos de redes dualistas. Nós, por outro lado, parecemos mendigos ignorantes e desamparados, sem qualquer espírito empreendedor e, quando um diamante precioso de repente cai em nossas mãos, não temos a menor ideia do que fazer com ele. Ignoramos a tal ponto seu real valor que podemos trocá-lo por um cachorro-quente, ou até perdê-lo por descuido. Essas coisas acontecem mais vezes do que o esperado, porque sempre surgem obstáculos quando encontramos o Darma precioso. Na verdade, um sinal de que a prática está surtindo efeito é o praticante do Darma começar a atrair obstáculos — caso contrário, por que os obstáculos se dariam ao trabalho de aparecer? Eles não precisam atingir as pessoas cuja prática não está indo bem, pois é provável que elas já estejam criando problemas suficientes para si mesmas.

Tendo dito isso, muitos dos obstáculos que enfrentamos são fortes e perturbadores, e é por isso que tentamos desenvolver a habilidade de manipular, enganar, seduzir, transformar e ignorar todos os obstáculos que atraímos, praticando os muitos métodos oferecidos pelo Budadarma. O mais "elevado" desses métodos é recepcionar os obstáculos como bênçãos, mas é preciso muito mérito para fazer isso de forma genuína. Felizmente, o Budadarma também nos proporciona a prática da oferenda de mandala, o mais profundo dos métodos de acumulação de mérito.

A prática

Karma Chagme disse que, quando principiantes como nós constroem um templo, é impossível evitar que surja algum tipo de ação ou pensamento não virtuoso. Encontramos muitos desafios durante a construção e, até que a obra esteja pronta, fatalmente teremos nos tornado apegados e avarentos de uma maneira ou de outra. Entretanto, a prática de oferecer mandalas não tem esse efeito, e é por isso que ela é tão importante.

O QUE OFERECEMOS?

Do ponto de vista dos que recebem nossas oferendas, as oferendas são imateriais, portanto, devemos oferecer tudo que consideramos precioso.

Por exemplo, ao oferecer o próprio corpo aos budas e bodisatvas do passado, criamos um elo auspicioso com o corpo, a fala, a mente, a qualidade e a atividade do Buda Shakyamuni. Ao oferecer o corpo ao Buda do presente, nosso guru, nosso corpo, fala e mente se tornam um receptáculo perfeito para a sabedoria. Ao oferecer o corpo a um buda futuro, aperfeiçoamos as circunstâncias que nos permitirão beneficiar todos os seres sencientes.

Nas oferendas de mandala, os seres sublimes são os principais componentes de nosso campo de mérito. Em relação ao que você deve oferecer, seja o mais criativo e imaginativo possível. Se você achar que o Monte Meru e os continentes ao redor dele são difíceis de imaginar, ofereça uma montanha gigantesca e maravilhosa. Ou imagine a Ásia, a América do Sul, a América do Norte e a Austrália com todos os lindos parques nacionais, palácios, cachoeiras e riquezas desses lugares.

Se você se sente desconfortável em oferecer coisas que não lhe pertencem, lembre-se de que sua forma de perceber o mundo é inteira e completamente sua, nunca é a de outra pessoa. Inclua na visualização fontes de riqueza como o Deutsche Bank, florestas, minério de ferro, aço, todas as riquezas materiais que os seres humanos gostam de acumular e a riqueza dos deuses (em geral representada por tapetes voadores, para-sóis etc.). Acrescente a tudo isso a riqueza dos nagas (às vezes representada pela concha que pode fazer a guerra) ou uma pequena concha que pode se transformar em um reino ou palácio, em árvores e vacas que realizam desejos ou até em mulheres e homens belos. Elabore as visualizações o quanto desejar e procure ultrapassar os limites da imaginação. Para incrementar sua visualização, use várias substâncias que você considere preciosas, como o arroz, que os tibetanos usam bastante nas oferendas, e moedas e metais preciosos, como ouro e prata.

Se você pretende fazer a prática como parte das acumulações do ngondro, deve usar um prato de mandala e o máximo de substâncias de oferenda rituais que conseguir reunir. De acordo com Deshung Rinpoche, o prato de mandala pode ser bastante grande, mas sinta-se à vontade se preferir usar um pequeno. O prato pode ser feito de qualquer material, dependendo de seus meios: pedra, sândalo, cobre, ferro, aço ou até mesmo ouro, se preferir. A oferenda ritual principal são os grãos de todos os tipos, não apenas o arroz, e tudo mais que você acrescentar servirá como objeto de concentração para incrementar sua prática. Visualize cada grão como tudo que foi mencionado acima, e se você, como eu, se sentir inspirado pelas representações de riqueza de estilo indiano, inclua também suntuosas casas de banho repletas de dançarinas encantadoras e, para ser politicamente correto, belos dançarinos.

Embora os textos de prática geralmente nos deem a impressão de que essas oferendas sirvam para agradar os budas e bodisatvas, lembre-se de que esse não é o caso. O Buda, o Darma e a Sangha não podem ser subornados, comprados ou influenciados, nem sentem satisfação com nossas parcas oferendas. Se você analisar, verá que as oferendas tradicionais nunca foram destinadas a serem úteis aos budas e bodisatvas no sentido mundano. Na verdade, a "utilidade" delas é irrelevante. Veja o exemplo da vaca preciosa. Que utilidade teria uma vaca para quem mora em Nova York?

DICAS PRÁTICAS SOBRE AS SUBSTÂNCIAS DE OFERENDA

Se você pode tirar umas semanas de férias, talvez queira fazer um retiro intenso para acumular as 100 mil oferendas de mandala de uma vez. Nesse caso, você precisará de dois pratos de mandala, um para colocar no altar com cinco pilhas de oferendas que representam as cinco famílias búdicas e outro sobre o qual você fará as oferendas durante a prática. Uma vez que o prato de mandala ficará no altar por algum tempo, se misturar os grãos de arroz com manteiga — um método tradicional para unir os grãos —, a oferenda ficará rançosa logo. Em vez disso, use oferendas que não apodreçam, como pedras semipreciosas.

Quanto às substâncias da oferenda de mandala diária, é bom renová-las de vez em quando, substituindo o arroz antigo por um arroz novo etc. A quantidade de oferendas que você faz e a frequência com que você renova as oferendas vão depender de seu orçamento. Claro que, se você fizer um retiro longo, de um ano, vamos supor, deve trocar as oferendas regularmente. Segundo a tradição oral, após terminar a acumulação, você pode oferecer os materiais preciosos que foram usados ao professor, a um templo ou, se preferir, pode espalhá-los silenciosamente por uma floresta, onde ninguém vai lhe agradecer.

Todos os dias, antes de começar a prática, limpe o prato da mandala com água de açafrão, água de rosas ou outro tipo de água perfumada. No início de cada sessão, use a parte interna do punho para limpar a superfície. Se quiser elaborar um pouco mais a prática, imagine que está purificando e limpando todas as oferendas que fará, incluindo, é claro, seu corpo, fala e mente. Você ouvirá muitos pequenos detalhes desse tipo, e quase todos os tibetanos ou praticantes de Darma que você encontrar apresentarão uma versão levemente diferente — e, do ponto de vista deles, cada um deles estará provavelmente correto. Afinal de contas, existem quatro linhagens no budismo tibetano que milhares de pessoas praticam de acordo com os ensinamentos de centenas de lamas, muitos dos quais modificaram as instruções tradicionais. Em última instância, porém, não existe apenas uma única forma correta de limpar o prato da mandala, portanto, não perca tempo demais com isso.

VISUALIZAÇÃO

Nesse caso, você fará oferendas a Guru Rinpoche ou Vajradhara, visualizado à sua frente e rodeado por seu séquito. (Mais detalhes sobre essa visualização podem ser encontrados nas descrições do campo de mérito, em geral contidas na seção do refúgio em textos de ngondro mais longos.) A deidade principal está no ramo central de uma árvore que realiza desejos; no ramo à sua frente está o Buda Shakyamuni e todos os budas; no ramo à direita estão todos os bodisatvas; à sua esquerda, a sangha nobre de shravakas e pratyekabuddhas; atrás dela, pilhas enormes de textos de Darma.

Durante a prática de refúgio descrevemos os seres sublimes dessa visualização como nossos objetos de refúgio; durante a prática de despertar a boditchita, eles se tornam as testemunhas de nosso voto de boditchita; agora, quando oferecemos a mandala, eles se tornam os recipientes de nossas oferendas.

No contexto dessa prática, a água de rosas ou a água perfumada usada para limpar o prato da mandala representa a aplicação da boditchita, o que significa que você está fazendo a prática para a iluminação de todos os seres sencientes. Ao salpicar um pouco de água você aplica a "umidade da boditchita" para simbolizar a profundidade dessa prática vajrayana e fazer com que ela vá além de um ato mundano de espalhar grãos de arroz sobre um prato. A água também ajuda o arroz a grudar no prato — talvez você não queira usar água toda vez que limpar o prato, mas é bom fazê-lo no início.

Agora você está pronto para oferecer a mandala.

A OFERENDA DE MANDALA DE SETE PONTOS

Tradicionalmente, as oferendas são colocadas no prato de mandala no sentido horário, mas você pode escolher se quer começar pela parte superior (12 horas) ou inferior (seis horas) do prato de mandala (*ver* Figura 1). Dependendo da tradição seguida, o leste está à sua frente ou mais próximo de seu altar. Eu gosto de começar pela parte inferior, e é assim que descreverei o método a seguir. (As posições alternativas estão entre parênteses.)

A terceira pilha é chamada de "pilha de Jambudvipa". Jambudvipa é o nome do planeta onde moramos, nossa "Terra". Portanto, se você colocou a segunda pilha na posição de seis horas, Jambudvipa estará na posição nove horas (ou, se você colocou a segunda pilha na posição doze horas, Jambudvipa será na posição três horas). O Sol e a Lua são

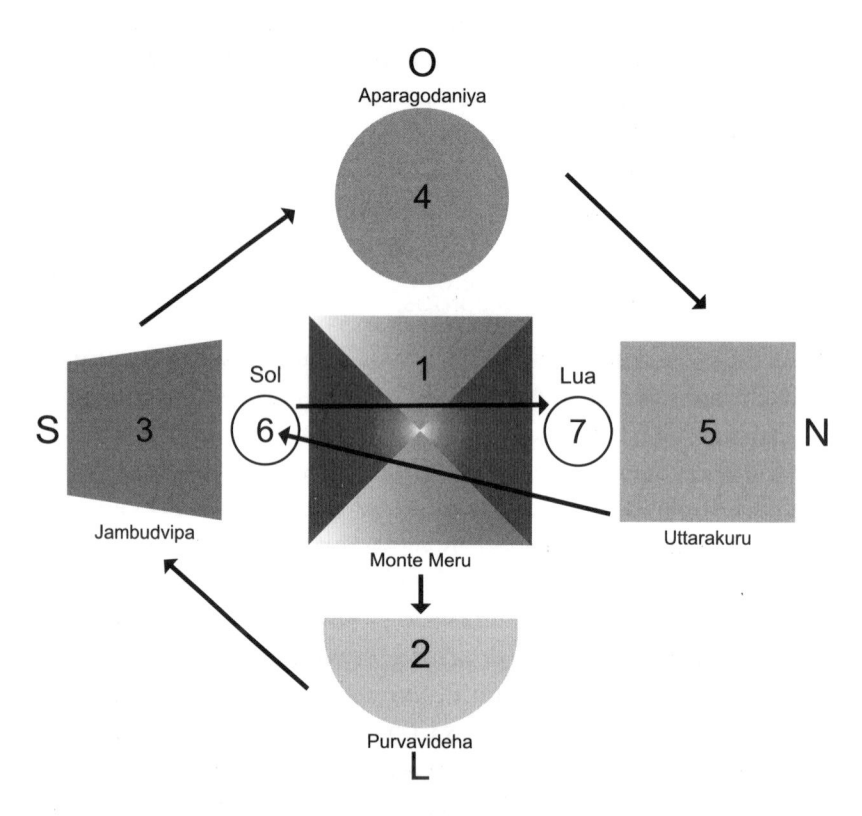

FIGURA 1 – 1. Coloque o arroz com a mão direita no centro do prato de mandala para fazer a primeira pilha de oferendas. 2. A segunda pilha é colocada à sua frente, na posição de 6 horas (12 horas), no lado do prato mais próximo a você. 3. A terceira pilha é colocada a 90° no sentido horário em relação à segunda, na posição 9 horas (3 horas). 4. A quarta pilha é colocada a 90° no sentido horário em relação à terceira, na posição 12 horas (6 horas). 5. A quinta pilha é colocada a 90° no sentido horário em relação à quarta, na posição 3 horas (9 horas). 6. A sexta pilha é colocada entre a pilha central e pilha na posição 9 horas (3 horas). 7. A sétima pilha é colocada entre a pilha central e pilha na posição 3 horas (9 horas).

a sexta e a sétima pilhas, respectivamente e, como o Sol deve nascer na Terra, a sexta pilha deve, portanto, estar próxima a ela.

Se quiser, você pode adicionar uma oitava pilha que representa a corporificação de todas as riquezas dos deuses e dos humanos.

Em geral, seguramos o prato de mandala e o mala na mão esquerda e colocamos as pilhas de arroz com a mão direita, mas se você for canhoto e preferir fazer da maneira inversa, tudo bem.

Depois de fazer sete ou oito pilhas de arroz e de materiais preciosos no prato de mandala, remova-os com a mão direita. Isso conta como uma oferenda de mandala. Agora, você só precisa fazer mais 99.999 e mais um adicional de 10% para compensar algum erro e falta de atenção que possam ter ocorrido, e então você terá consumado a pratica. É fácil assim!

Ao fazer cada oferenda, repita uma ou três vezes a oração de oferenda do ngondro que você estiver praticando.

A OFERENDA DE MANDALA DE 37 PONTOS

Após cada cem oferendas de mandala curtas ou, se preferir, após cada 25, ofereça uma mandala de 37 pontos (ver figura 2).

O diagrama mostra claramente onde cada uma das 37 pilhas de oferendas deve ser colocada, mas eu não investiria muito tempo de prática examinando-o e me preocupando se estou fazendo errado. É melhor simplesmente recitar os versos e colocar as 37 pilhas uma sobre a outra.

É provável que você já tenha visto os pratos de oferenda de mandala tradicionais com vários anéis para montar uma estrutura na forma de torre. Essa é uma invenção tibetana que você pode usar se gostar, mas não é crucial para prática, pois sua função é fazer com que a oferenda pareça mais bonita aos olhos tibetanos.

No final da sessão, dissolva o campo de mérito em você e permaneça o maior tempo possível nesse estado de inseparabilidade.

Oferecer pilhas de arroz e materiais preciosos também é um produto de sua percepção e, como tal, é extremamente limitado. Por isso, ofereça *absolutamente tudo*, incluindo tudo o que você considera negativo, como suas emoções turbulentas, cuja essência não é nada menos que a sabedoria.

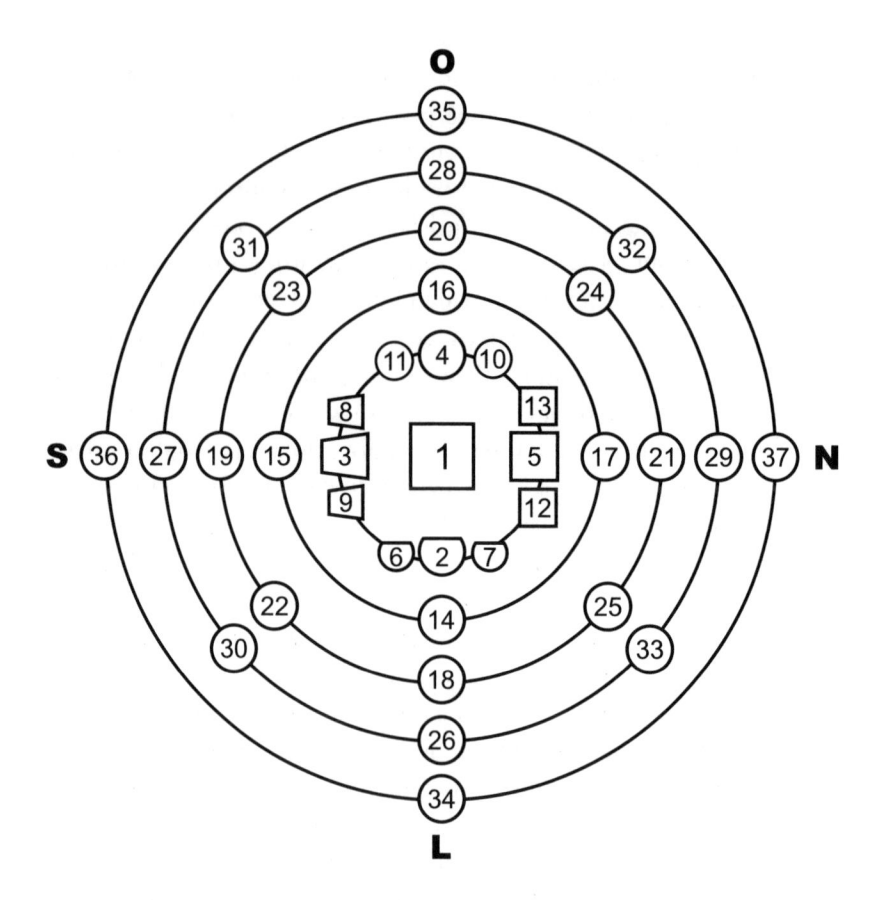

Figura 2 – 1. Monte Meru. 2 – 5. Os quatro continentes. 6 – 13. Os oito subcontinentes. 14. A montanha de joias. 15. A árvore que realiza desejos. 16. A vaca que realiza desejos. 17. A colheita que não precisa ser semeada. 18 – 24. Os sete atributos da realeza. 25. O vaso do grande tesouro. 26 – 33. As oito deusas de oferendas. 34. O Sol. 35. A Lua. 36. O para-sol precioso. 37. O estandarte real vitorioso em todas as direções

Oferecer mentalmente várias substâncias preciosas funciona muito bem, porque quando você pensa em "flor", por exemplo, é *sua* mente que cria *sua* flor. Na verdade, não há nada que não seja um produto de sua percepção. Este universo, a atmosfera, as estrelas, as luas, os planetas e tudo que há neles são criados pela mente e, enquanto a mente existir, existirá também a miríade de distinções que efetivamente criaram o universo.

De acordo com o Budadarma, o conceito de oferecer é baseado na visão da originação dependente. Aliás, toda a prática e a teoria budistas são baseadas nessa mesma visão. Portanto, para aqueles que aspiram a praticar o caminho relacionado à natureza da mente ou desejam completar qualquer uma das muitas práticas de acumulação de mérito, fazer oferendas de luz é uma ideia muito boa. Uma vez que a atividade de "oferecer" está intimamente conectada à atividade de criar conexões auspiciosas, oferecer uma lamparina incrementará sua compreensão da natureza da mente: da mesma forma que a lamparina irradia uma luz que ilumina a si mesma e tudo a seu redor, a mente conhece si mesma e tudo o que encontra. Portanto, a função da lamparina é semelhante à da mente. A lamparina pode ser descrita como uma substância "auspiciosa" por meio da qual podemos criar uma conexão auspiciosa com a natureza da mente.

Tudo é criado pela mente. A natureza da mente é dharmakaya, sambhogakaya e nirmanakaya, e consumar a mente é o que chamamos de "iluminação". Mas atingir a iluminação não é uma tarefa fácil, porque somos enganados constantemente por um número infinito de padrões habituais. Precisamos, então, de todos os tipos de métodos e habilidades para combater esses velhos hábitos, e empilhar uma substância insignificante como o arroz repetidamente é apenas um desses métodos hábeis.

11

Prática de kussali

A prática de kussali não aparece em muitas das tradições de ngondro, mas está presente na versão longa do ngondro do Longchen Nyingtik. Para os praticantes que estão fazendo a versão curta, é uma boa ideia fazer essa prática também, porque é um método excelente de acumulação de mérito. A prática de kussali é recomendada a praticantes pobres, que não têm condições de comprar um prato de mandala, oferendas ou qualquer uma das substâncias especiais necessárias. Como Patrul Rinpoche ressalta, *kussali* significa, literalmente, "mendigo". Ainda assim, do ponto de vista do Darma, essa prática está entre os ensinamentos mais elevados.

Visualização: vitória sobre os quatro maras

O objetivo específico da prática de kussali é destruir os quatro maras: o mara dos filhos dos deuses; o mara da morte; o mara das impurezas (ou seja, todas as emoções); e o mara dos agregados. Khenpo Ngakchung disse que não compreender que tudo que aparece não é nada além da projeção de sua própria mente é o mara dos filhos dos deuses; este corpo, que é um fenômeno composto e está em constante mudança, sendo incontrolável por natureza e um obscurecimento, é o mara dos agregados; o apego, o desejo e a fixação são o mara das impurezas; e o agregado que inclui o nascimento e a morte é o mara da morte.

Comece a prática pronunciando a sílaba *phat*, e visualize a separação total entre corpo e mente, ejetando sua consciência para fora de seu corpo, que fica para trás como um saco velho amontoado no chão. No instante em que o corpo cai imóvel, você flutua acima dele, um ser sem forma que é pura consciência, e vê que agora seu precioso corpo é apenas um cadáver.

Em geral, o orgulho surge em resposta a dois fatores, a mente e o corpo, então, se você tem um corpo, também tem orgulho. Portanto, ao destruir o corpo, você destrói também seu orgulho, o que é uma vitória sobre o mara das emoções aflitivas. No momento em que deixa de sentir apego pelo corpo, você destrói o mara dos filhos dos deuses. Entretanto, ao contrário de uma vela que foi apagada, embora o corpo tenha sido desmantelado e destruído, a mente permanece consciente e continua atenta, o que significa que você declarou vitória sobre o mara da morte. Essa terceira vitória é chamada de "Krodhikali", e essa é a forma que você adota depois que você destruiu seu corpo. Ela é preta, bonita e adornada com todos os ornamentos de uma dakini, incluindo coroas, pulseiras de ossos e uma saia de pele de tigre. Ela também brande uma faca curva que simboliza a destruição do mara das impurezas (emoções).

É Krodhikali quem deve destruir o mara dos agregados, separando lentamente o crânio, seu crânio, de seu corpo inanimado. Agora passamos a chamar esse crânio, completo e com cabelos, de *kapala*, ou "copa de crânio", e assim que você visualizar a copa de crânio à sua frente, imagine que o tamanho dela aumenta até que se torne tão gigantesca quanto os três mundos.

Instantaneamente, aparece um tripé feito de três crânios humanos (representando os três kayas) e você coloca a kapala sobre eles. Em seguida, volte a seu cadáver e decepe as mãos e os dedos, remova a pele, os pulmões, o fígado e todos os órgãos, e drene todo o sangue. Continue a desmembrar o corpo e não se esqueça de arrancar os lábios, o nariz e extrair com a faca curva os dois olhos e todos os dentes. Coloque todas as partes do corpo, uma a uma, dentro da kapala.

Nesse momento um intenso fogo de sabedoria arde a partir dos três crânios. Enquanto você recita *om ah hung*, imagine as partes de seu corpo derretendo e fervendo como um ensopado borbulhando no fogo. Aos poucos, esse ensopado de pedaços de corpo se torna um poderoso néctar que realiza desejos, cada gota contendo tudo o que lhe dá prazer, como lagos, jardins, alimentos, bebidas etc. Tudo aquilo que você, enquanto o objeto da oferenda, deseja é precisamente o que o néctar se tornará, e isso é o que você oferece.

OS CONVIDADOS E SUAS OFERENDAS

Se você quiser fazer uma visualização mais elaborada, imagine um banquete. Os primeiros convites são enviados a todos aqueles que já destruíram o ego, desde os arhats até o Buda; os convites são levados sobre brilhantes raios de luz de arco-íris até a Montanha Cor de Cobre, os reinos de Amitabha, de Akshobhia e todos os outros reinos búdicos. Em seguida, você envia convites aos seis reinos, e os convidados chegam rapidamente e sentam-se em seus lugares.

A primeira porção do banquete é oferecida aos seres sublimes. Em troca, você recebe todas as realizações comuns, incluindo vida longa e ausência de obstáculos e doenças. Assim, a prática de kussali é particularmente indicada para aqueles que sofrem de sérios problemas financeiros e de saúde resultantes dos débitos cármicos de vidas passadas. Você recebe também realizações incomuns fundamentadas na capacidade de sentir amor e compaixão pelos outros, ser diligente, ter devoção e reconhecer a natureza de sua mente. Em seguida, você serve os convidados dos seis reinos. A cada gole de vinho, garfada no aspargo, lambida no sorvete, mastigada no filé, engolida de creme brulé e sugada na lagosta, visualize que o sofrimento deles desaparece e eles são nutridos por amor, compaixão, boditchita e devoção para que possam também ajudar outros seres sencientes.

Dois grupos de convidados são especiais. Um inclui aqueles que o incomodam ou que você vê como inimigos. Quando eles recebem sua oferenda, eles consideram todas as pendências resolvidas. O outro grupo é o mais numeroso, pois é constituído por todos os seres com os quais temos débitos cármicos. Existem muitos tipos diferentes de débitos cármicos, por exemplo, o débito cármico que temos com nossos pais e mães, amigos e todos aqueles que nos deram comida, abrigo e proteção; ou o débito que temos com aqueles de quem tomamos o espaço ou que nos serviram. Todos nós temos tais débitos com um número imenso de pessoas.

DISSOLUÇÃO

Quando o banquete está prestes a acabar, você percebe que foi tudo uma criação de sua própria mente. Todos se dissolvem em você. Anfitrião, convidados e festim se tornam inseparáveis, e você permanece nesse estado de inseparabilidade pelo maior tempo possível.

12

Guru ioga

O propósito da prática vajrayana é transformar a percepção, e começamos a efetivar essa transformação durante a prática de ngondro, em especial na guru ioga. É por isso que quase todas as tradições de ngondro nos aconselham a começar a prática transformando nosso ambiente comum e impuro em um reino puro, e nossa forma comum e impura em um ser puro.

Se você pratica a guru ioga do ngondro do Longchen Nyingtik, você se visualiza como Vajrayogini. Por que Vajrayogini? Entre o primeiro passo dado em um caminho espiritual até sua culminação, haverá um momento em que você reconhecerá a natureza da mente e, quando isso acontecer, você se tornará um receptáculo adequado para coletar as bênçãos de seu guru. Para invocar essas bênçãos de forma mais eficiente e invocar a auspiciosidade interdependente, você se visualiza na forma sublime da deidade feminina Vajrayogini.

(Os detalhes da visualização abaixo são baseados no ngondro do Longchen Nyingtik e serão diferentes dependendo da tradição de ngondro que você seguir.)

A visualização

Visualize-se como Vajrayogini. Você é vermelha, empunha uma faca curva com a mão direita e com a esquerda segura uma kapala. Você é semi-irada, bela, esbelta e está adornada com joias requintadas, uma saia de pele de tigre e ornamentos de ossos. Seus três olhos se voltam para o céu onde há um lótus de 100 mil pétalas.

No centro desse lótus, há um disco de sol horizontal e, sobre ele, um disco de lua.

Sentado no disco de lua está seu guru-raiz, a corporificação de todas as fontes de refúgio e a essência de todos os budas, na forma de Padmakara, o Nascido do Lótus. Ele não se parece com uma pessoa comum e não aparenta sinais de envelhecimento ou de fragilidade. Pelo contrário, ele é jovem, majestoso, vibrante e está adornado com ornamentos reais.

Guru Rinpoche, seu guru, está sentado em uma grande esfera de luzes de arco-íris, circundado por seus 25 discípulos liderados pelo rei Trison Deutsen, e rodeado por muitos milhões de esferas de luzes de arco-íris. No espaço acima do guru estão todos os mahasiddhas da linhagem do mahasandhi (ou mahamudra) — Vimalamitra, Jnanasutra, Shri Singha, Prahevajra (Garab Dorje) e assim por diante —, e os espaços entre eles estão repletos de deidades das diferentes linhagens, dakinis e dharmapalas. Portanto, todo o espaço, especialmente à sua frente, está tomado por uma imensa nuvem de objetos de refúgio.

Ao olhar para os objetos de refúgio, procure visualizá-los vibrantemente vivos, sempre lembrando que, assim como o reflexo da Lua cheia na água limpa e imóvel, eles não existem de verdade. Por mais brilhante e clara que a Lua possa parecer na superfície da água, ainda é apenas um reflexo. É assim que o conjunto de objetos de refúgio dessa guru ioga deve aparecer à sua frente.

Se você estiver fazendo um ngondro mahamudra, sakya ou gelug, provavelmente visualizará o guru como Vajradhara, rodeado por todos os mestres da linhagem associada à sua prática. As deidades podem ser diferentes. Nos ngondros do mahamudra, por exemplo, deidades como Chakrasamvara são proeminentes, enquanto nos ngondros sakya ou gelug as deidades mais importantes são Chakrasamvara, Guhyasamaja e Kalachakra.

A VISUALIZAÇÃO DO MANTRA

Com o coração transbordando de devoção, invoque seu guru recitando a "Prece de sete linhas" de Guru Rinpoche, seguida do mantra do guru vajra.

Enquanto recita a prece de invocação, concentre-se na mandala que você visualizou, especialmente em seu guru. Contemple sua face pelo maior tempo possível. Os mestres do passado alertam que é fácil nos entediarmos com a visualização durante a recitação de mantra. Quando você se cansar de contemplar a face do guru, eles aconselham que mude o foco para a forma completa do guru, ou para suas atividades, ou para as luzes que se irradiam dele, ou para a devoção que você sente por ele, ou para o som do mantra, ou para o séquito que o cerca. Alterne seu foco continuamente.

Os alunos muitas vezes perguntam se devem invocar o guru apenas no contexto da prática diária formal ou se podem fazê-lo em qualquer lugar. A resposta é que isso depende do aluno. É mais provável que os vagabundos do Darma que perambulam pelas ruas de Kathmandu fumando haxixe e ficam o dia inteiro sentados em cafés bebericando uma xícara de cappuccino meio vazia devam sentar e praticar formalmente, recitando dez ou 100 milhões de mantras, enquanto os alunos que trabalham duro em Londres, Nova York ou Paris talvez se beneficiem mais recitando o mantra a caminho do trabalho ou enquanto esperam o ônibus. O método que é indicado para cada aluno depende inteiramente de sua situação de vida e nível de disciplina.

O coração da guru ioga

De um modo geral, a guru ioga nos ajuda a desenvolver e incrementar a devoção, porém o cerne da prática é unir nossa mente à mente do guru. Na verdade, esse processo de "união" não é limitado à mente, pois inclui todo nosso ser — corpo, fala e mente. Portanto, devemos tentar unir todas as partes de nosso ser com nosso guru, desde nossa identidade, forma física e sons que fazemos, até nossos sentidos de olfato e paladar.

Uma vez mais, terminologia e linguagem podem nos confundir. Nesse caso, "unir" implica automaticamente na existência de duas entidades separadas que podem ser "unidas". Mas, como Samantabhadra nos diz, a essência da mente, assim como a essência de todos os fenômenos, é vazia por natureza. Embora do ponto de vista da vastidão de fenômenos existentes possa parecer que existam duas entidades separadas a serem unidas, esse processo de "união" é bem mais profundo do que uma mera combinação de dois ingredientes, pois o guru externo nada mais é do que um reflexo de sua devoção. Na verdade, você está estabelecendo a compreensão de que nunca houve uma entidade separada — um guru — com a qual unir a mente. Em outras palavras, sua mente e a mente guru nunca estiveram separadas.

O GURU EXTERNO

Como já vimos, os gurus externo, interno e secreto não são outra coisa senão a natureza de nossa mente. Mas, principiantes como nós buscam um modelo que nos inspire, nos guie, no qual possamos tomar refúgio e ao qual possamos fazer oferendas para expressar nossa admiração pelo caminho do Darma. Muitos de nós sentimos a necessidade de encontrar alguém, qualquer pessoa, a quem possamos descrever todos os nossos altos e baixos emocionais utilizando os únicos métodos de comunicação que nos são disponíveis: lamentando, reclamando, implorando e rezando. E, para satisfazer essa necessidade, o caminho, que do ponto de vista do vajrayana é "confusão", nos providencia um guru externo.

Mais cedo ou mais tarde, é claro, todos os caminhos deverão ser descartados, mas até lá você deve continuar a oferecer ao guru externo sua devoção, admiração e percepção pura inabalável. Então aos poucos, passo a passo, tente mesclar seu ser com seus gurus interno e secreto. Com o tempo, você compreenderá que seus gurus externo, interno e secreto nunca estiveram separados de você.

O DESEJO DE SENTIR CONEXÃO COM SEU GURU

Muitos alunos gostam de falar sobre como se sentem quando pensam em seu guru. Alguns têm uma sensação de plenitude em seus corações e várias outras sensações no peito. Eles também se sentem amados e, consequentemente, completos. Acredito que esses alunos tentam expressar o desejo de se sentirem conectados com seu guru. É verdade que podem surgir sentimentos e sensações intensos quando pensamos no guru, mas é importante também lembrar que sentimentos e emoções são muito instáveis. Os sentimentos pertencem ao mundo temporal, portanto, são apenas outra casca que, mais cedo ou mais tarde, deve ser removida.

Uma conexão emocional com uma pessoa, nosso guru, não é o único resultado pelo qual devemos trabalhar em nosso caminho espiritual. Até agora, nosso guru parece ser alguém separado de nós, mas um dos meios hábeis que nos acompanha no caminho é lembrar continuamente que esse não é absolutamente o caso. Nenhum dos ensinamentos que recebemos sugere, nem por um milésimo de segundo, que o guru seja uma entidade separada. A noção de que existe um "guru" e um "aluno" é um erro criado inteiramente por nós mesmos e que é depois reforçado por nossos hábitos. Se conseguíssemos nos convencer de que o guru sempre foi e continua a ser inseparável de nós, a guru ioga seria totalmente redundante. Agarrar-se à ideia de que temos uma conexão, apesar do fato de que se sentir conectado implica que o guru seja uma entidade separada de nós, é precisamente o conceito que nos amarra à dualidade.

O reconhecimento de que o guru é inseparável de nós é nossa única realização que não pode ser e jamais será removida, como acontece com as outras cascas.

Conselhos práticos

UNIR SUA MENTE À MENTE DO GURU

Meu conselho é que você una sua mente à mente do guru muitas vezes. Visualize Guru Rinpoche enquanto recita o mantra do guru vajra e a cada cem repetições dissolva o Guru Rinpoche em você. Quanto mais frequentemente você passar por esse processo, melhor, então tente fazer a dissolução a cada dez ou vinte mantras e depois apenas observe a inseparabilidade. É desnecessário dizer que essa experiência mudará sua vida.

A chave para observar a mente é uni-la à mente do guru, e essa é uma prática que pode ser feita em qualquer situação cotidiana. Por exemplo, quando estiver na escada rolante da estação do metrô para pegar um trem, numa loja de departamentos ou no cinema, tente unir sua mente à mente do guru. É muito rápido, e depois é fácil voltar ao que estava fazendo, indo às compras, ao cinema ou ao futebol.

Assim, dedique alguns momentos todos os dias para unir sua mente à mente do guru e depois observar a inseparabilidade por alguns instantes. Uma das bênçãos dessa prática é que, em pouco tempo, nada que acontecer em sua vida parecerá importante. Porém, não espere resultados imediatos. Seja paciente e apenas pratique. Você precisa lidar com tantos padrões habituais, neuroses e distrações que talvez leve algum tempo até notar algum efeito. E, se demorar, não reclame! Reclamar seria o mesmo que deixar um ovo cru sobre a mesa e se queixar depois porque o ovo não cozinhou. O ovo só será cozido se você colocá-lo em uma panela sobre o fogo. Se você deixar de colocar o ovo na panela, não haverá base para qualquer reclamação quando ele não cozinhar e, se você reclamar, é sinal de que ainda não entendeu nada sobre causa, condição e efeito. A maioria das pessoas modernas cai nessa armadilha. Apesar do progresso extraordinário alcançado pelas descobertas científicas, como enviar o homem à Lua e descobrir que o mundo é redondo (muitos tibetanos ainda acreditam que a Terra seja plana), essas pessoas ainda não têm essa compreensão fundamental.

E se for necessário praticar dez anos até que se note alguma mudança? Em comparação com os bilhões e bilhões de vidas que você já viveu sem jamais tirar um ovo da caixa, dez anos não é nada! Finalmente, você está progredindo porque descobriu que existe um ovo, e que o ovo deve ser tirado da caixa e colocado em uma panela para ser cozido. Isso, por si só, já é um grande avanço. Você deve ter acumulado uma boa quantidade de mérito simplesmente por saber isso.

OS TRÊS TIPOS DE VENENOS QUE OS PRATICANTES PRECISAM EXTRAIR

Os praticantes precisam extrair três tipos diferentes de venenos. O primeiro é o veneno da "visão errônea" ou equivocada. Para extrair esse veneno, você deve ser se esforçar para escutar e contemplar os ensinamentos. Durante esse processo, embora possa parecer que você já tenha estabelecido a visão correta, você será inevitavelmente contaminado por vários outros venenos, conceitos e dúvidas que também precisam ser extraídos. Para isso, aplicamos o antídoto da meditação, como por exemplo a prática de shamata, que é letal para todos os tipos de "contaminações mentais" (*namtok,* em tibetano). O terceiro veneno a ser removido é a "experiência" dualista de sujeito-objeto. Enquanto você continuar a ter experiências, seu caminho estará sempre envenenado e, a fim de extrair esse veneno, você deve se dedicar à meditação da "sabedoria do insight" (vipashyana).

Em algum momento, cada nível de compreensão que lutamos para alcançar será descartado, porque, como os grandes mestres do passado nos disseram muitas vezes, a compreensão é como um remendo que vai cair mais cedo ou mais tarde, e a experiência é como a névoa que mais cedo ou mais tarde também vai evaporar. Contudo, para aqueles entre nós que foram ensinados a dar valor ao progresso gradual, é muito difícil compreender a noção de que, em algum ponto do caminho espiritual, será imprescindível abrir mão de todas as nossas conquistas.

TRÊS NYAMS

Uma vez que a guru ioga invoca bênçãos tão poderosas, é possível que sua vida se torne consideravelmente agitada com mudanças inesperadas em seu humor e sua mente; portanto, prepare-se. Acima de tudo, a guru ioga tende a invocar várias experiências, embora, talvez, "experiência" não seja a melhor tradução para a palavra tibetana *nyam*.

No contexto da guru ioga existem três tipos de nyam. Um deles é um sentimento de bem-aventurança tão imenso que você se sente capaz de lidar com qualquer coisa que a vida lhe apronte. Assim como a xícara e o pires se encaixam com perfeição, tudo na vida se encaixa tão lindamente que você acha que pode fazer qualquer coisa, até mesmo equilibrar um elefante sobre um dedal. Nada é inaceitável ou intolerável e, se lhe dissessem que Frankfurt acabou de virar de ponta-cabeça, você concordaria sem hesitar. Não apenas você é capaz de acreditar no inacreditável, você também tem a experiência de uma tremenda bem-aventurança física. Embora a maioria de nós jamais tenha a experiência desse nyam, pateticamente esse é o nyam que todos nós desejamos.

Outro tipo de nyam é a experiência de não conceitualização. Você não tem pensamentos, não sente agressão nem apego, não faz julgamentos nem comparações e não sente nenhum tipo de insegurança e, ainda assim, tudo que você percebe é vívido e presente. Isso pode durar alguns minutos, horas ou até dias. Mas, deixemos de lado os muitos detalhes dessa experiência, pois é muito melhor que você a descubra por si mesmo.

O terceiro nyam é a experiência de clareza excepcional. Tudo o que você percebe é tão imaculadamente claro que, por exemplo, você é capaz de ver cada folha de toda e qualquer árvore e sua intuição fica tão aguçada que é como se você pudesse ver o que se passa na mente de outras pessoas.

Mais cedo ou mais tarde, esses três nyams se dissolverão como a neblina, não sendo assim seu objetivo final. Além disso, é pouco provável que você tenha experiências desse tipo em um futuro próximo. A maioria de nós ainda não experienciou seu primeiro sonho bom, então, a probabilidade de ter que lidar com nyams ainda está distante.

QUANDO VOCÊ FICAR ENTEDIADO

Todos ficamos entediados, independentemente da prática que fazemos. Hoje em dia, nosso nível de tédio está mais alto do que nunca. Quantos de nós se contentam com um único canal de televisão? Por isso, quando notar que a mente está começando a perambular em busca de algo novo, simplesmente mude o foco.

Imagine, por exemplo, que Guru Rinpoche está em todos os lugares, preenchendo cada centímetro do espaço. Enquanto você recita o mantra do guru vajra, seis esferas de luz se transformam instantaneamente em seis Gurus Rinpoches. Em um piscar de olhos, aparece uma faixa azul e então outro Guru Rinpoche, e, de repente, todos os seres humanos a seu redor se transformaram em Guru Rinpoche, assim como sua garrafa térmica, caneta, lápis, relógio, livros, brocados e lenços de papel. Lá fora as árvores, montanhas, lagos, estradas de ferro e carros, todos adquirem imediatamente a forma de Guru Rinpoche e até a brisa refrescante torna-se uma manifestação dele.

Tente imaginar Guru Rinpoche acima de sua cabeça, ou sentado à sua frente, ou no chacra de seu coração. (Como já dissemos, há uma visualização para cada situação.)

» Enquanto recitar o mantra, imagine que um fluxo ininterrupto de néctar flui do guru e se dissolve em você.
» À noite, visualize seu guru sentado sobre um lótus em seu coração.

- » Quando comer, imagine o guru em sua garganta.
- » Se estiver enfrentando um obstáculo, uma briga familiar ou se estiver deprimido, visualize seu guru sobre seu ombro, mostrando suas presas de forma irada.
- » Praticantes do ngondro do Longchen Nyingtik podem imaginar fagulhas de fogo e escorpiões jorrando do vajra de Guru Rinpoche. Os escorpiões capturam e engolem cada um dos obstáculos, até que todos sejam aniquilados.
- » Quando a morte se aproximar, visualize seu guru na forma do Buda Amitabha vermelho e se transfira para o coração de Amitabha repetidas vezes.

Imagine que tudo e todos que você encontrar ao longo do dia não são outra coisa senão Guru Rinpoche.

Essa prática é bastante profunda e pode ser um pouco difícil para os principiantes, portanto, comece a aplicá-la no nível da aspiração. Basicamente tudo — Buda, Darma, Sangha, deidades, dakinis, dharmapalas — é uma manifestação de seu guru. Portanto, se você fizer uma prática de dharmapala, por exemplo, faça as ofertas e considere que o protetor é uma manifestação de Guru Rinpoche na forma de um dharmapala. Desse modo, a oferenda ao protetor será, ao mesmo tempo, uma oferenda a seu guru.

Não há necessidade de limitar suas oferendas a apenas o que é bom e desejável. Ofereça tudo, incluindo as doenças, más notícias e perdas, e lembre-se de que tudo deve ser visto como uma manifestação de seu guru e de suas bênçãos.

NÃO SE COMPROMETA COM PRÁTICAS DEMAIS

Como mencionei acima, porque ouvir o Darma é tão raro e precioso nestes tempos de degenerescência, é claro que sempre aconselharei a todos receberem o maior número possível de ensinamentos. Mas, se você está ansioso para receber iniciações, recomendo que avalie bem os compromissos que vai assumir e pergunte-se: eu tenho tempo para fazer páginas e páginas de prática de sadhana todos os dias? Se você já é muito ocupado, pense duas vezes antes de colecionar iniciações — por mais curta que seja a prática, será mais uma a ser feita. Claro que, se você tiver tempo e se receber iniciações e colecionar compromissos o deixa feliz, você deve fazer o que tiver vontade, principalmente se depois você não sentir a menor culpa quando não conseguir manter seus compromissos de forma adequada.

No início de seu caminho espiritual, os praticantes costumam ser extremamente entusiasmados e fazer o possível e o impossível para praticar absolutamente tudo que podem. Como sempre, o tédio é certo de se insinuar na prática, e muitas vezes isso acontece quando você se aproxima da reta final. Se nesse ponto você resolver adotar um outro caminho, talvez a nova prática o inspire por alguns dias ou semanas, mas, em termos de progresso espiritual, você terá voltado à estaca zero. Por ironia, logo estará tão cansado da prática nova quanto estava da anterior.

Encontre tantos lamas quanto puder e escute todos os ensinamentos do Darma a seu alcance, particularmente se estiver interessado em seguir os caminhos mais elevados. Também procure conviver com pessoas que praticam a mesma linhagem que você, mas evite se distrair com outras práticas que, à primeira vista, possam parecer mais atraentes.

Os sinais de maturidade em um praticante

Tsele Natsok Rangdrol disse que à medida que a compreensão da visão amadurece, o praticante se torna mais meticuloso em relação às causas e condições, por mais triviais que pareçam; à medida que sua experiência e realização crescem, menos coragem ele tem de exibir uma falsa loucura; e, quanto mais ele doma sua própria mente, mais pura é a percepção que ele tem dos outros. Não apenas seu guru, mas todos, até mesmo seus irmãos e irmãs vajra, serão "bons" de sua perspectiva, e isso é um sinal de que a mente desse praticante foi domada.

Talvez você imagine que quanto mais domada sua mente for, mais perceberá a turbulência da mente dos outros, mas acontece o oposto. O praticante maduro tem uma visão muito mais pura das outras pessoas do que tem o principiante. Quanto mais qualidades positivas o praticante adquire, mais humilde ele se torna, quanto mais tempo ele passa com o guru, maior sua devoção e, quanto mais ele ouve e contempla o Darma, mais rapidamente seu orgulho e arrogância diminuem.

Ter um halo no alto da cabeça, ter sonhos extraordinariamente auspiciosos, experienciar a bem-aventurança continuamente ou prever nosso futuro deplorável não são sinais supremos de que alguém seja um bom praticante. O sinal supremo é que ele perderá o interesse por ganho material, fama, ser respeitado ou ser o centro das atenções.

Preces e para o que devemos rezar

Lama, meu pai, corporificação de todos os budas dos três tempos, ouça-me!
Tendo experienciado a constante mudança dos fenômenos,
Sinto uma urgência que me compele a praticar — obrigado, senhor Guru!
E obrigado pela bênção que me faz lembrar da impermanência!

Essa é uma tradução bem livre de uma das muitas orações maravilhosas escritas por Jamgöm Kongtrul Lodrö Taye.

Todos precisamos rezar por paciência, mas devemos rezar também para que o Darma se manifeste da forma adequada.

Abençoe-me, senhor Guru!
Possa minha mente penetrar o Darma,
E possa o Darma penetrar minha mente.
Abençoe-me, senhor Guru!
Possa a prática do Darma não ser tão dura comigo.
Abençoe-me! Possam as impurezas do caminho ser dissipadas;
Abençoe-me! Possam toda confusão e delusão surgir como sabedoria;
Abençoe-me! Possam todos os pensamentos não dármicos cessar neste exato instante!
Quando eu for impelido por fortes hábitos ou o carma passado amadurecer
E quando ambições vergonhosas surgirem,
Abençoe-me, senhor Guru! Possam minhas ações nunca dar frutos.

Nessa última oração, em vez de suplicar para que nossos desejos mundanos sejam realizados, aspiramos pelo oposto, pedindo ao guru que nossas preces *não* sejam atendidas, caso rezemos por benefícios mundanos.

Abençoe-me! Possam o amor, a compaixão e a boditchita florescer em mim.
Abençoe-me! Possam as boditchitas relativa e absoluta surgir em minha mente.
Abençoe-me! Possa a devoção genuína crescer em meu coração.
Abençoe-me! Possa a inspiração nunca declinar, mas sempre crescer.
Abençoe-me! Possa minha próxima divagação não me distrair.
Abençoe-me! Possam o carma passado e o hábito nunca me dominar.
Abençoe-me! Possa a aparência do bom nunca me enganar.

Com frequência, surgem situações em que temos certeza de que o resultado positivo foi alcançado pela prática do Darma. O problema é que nos deixamos levar por essas situações, o que pode tornar negativo o que parecia ser um resultado positivo. Por isso, devemos rezar para não nos distrairmos, independentemente do que acontecer.

Abençoe-me! Possa eu ter boa saúde para ajudar muitos seres.
Abençoe-me! Possa tudo que surgir em minha mente me conduzir ao Darma.

Essa última oração é especialmente bela. Embora nossos pensamentos e ações pareçam comuns e mundanos, pedimos por bênçãos para que, no futuro, essas mesmas ações beneficiem os outros de alguma forma. Por exemplo, a imagem de uma caneca de Guinness passa por sua cabeça e, de repente, você sente uma vontade louca de beber alguma coisa. Então, você vai a um bar, onde de forma bastante inesperada você conhece uma pessoa e acaba conversando com ela sobre o Darma. Ela fica tão interessada em suas palavras que, antes do fim da noite, já anotou o endereço de um centro de Darma. Assim, sua necessidade trivial de tomar um copo de cerveja levou aquela pessoa a fazer uma conexão cármica com o Darma.

Abençoe-me! Possa eu escapar da pobreza e ser sempre próspero.
Abençoe-me! Possa eu ter uma vida longa e a liberdade de praticar o Darma.

Como Kongtrul Rinpoche escreveu em seu *Chamar o guru a distância*:

Conceda suas bênçãos! Possa eu consumar completamente o Darma sagrado.
Conceda suas bênçãos! Possa minha mente dar à luz uma tristeza profunda.
Conceda suas bênçãos! Possam meus planos vergonhosos ser contidos.
Conceda suas bênçãos! Possa eu levar a sério a infalibilidade da morte.
Conceda suas bênçãos! Possa a convicção na realidade do carma despertar em mim.
Conceda suas bênçãos! Possa meu caminho espiritual ser livre de obstáculos.
Conceda suas bênçãos! Possa eu me empenhar na prática.
Conceda suas bênçãos! Possa eu levar as situações adversas para o caminho.
Conceda suas bênçãos! Possa eu aplicar continuamente os antídotos.
Conceda suas bênçãos! Possa uma devoção genuína surgir em minha mente.
Conceda suas bênçãos! Possa eu ter um vislumbre do estado natural.
Conceda suas bênçãos! Possa o insight despertar em meu coração.
Conceda suas bênçãos! Possa minha confusão ser completamente erradicada.
Conceda suas bênçãos! Possa eu alcançar o estado búdico em uma única vida.[16]

13
Abhisheka e as quatro iniciações na guru ioga

Abhisheka: uma introdução à natureza búdica

Em geral, os seguidores do bodisatvayana são introduzidos à natureza búdica gradativamente, por meio de análises filosóficas e contemplativas, mas essa abordagem fornece apenas um vislumbre incompleto da natureza búdica. Para que essa natureza seja totalmente revelada, o Darma, e especialmente as seis paramitas ou as dez paramitas, devem ser contempladas e praticadas por três éons incalculáveis. Os alunos do vajrayana, por outro lado, são imediatamente introduzidos à natureza búdica e lhes são oferecidos um caminho e um método que tornam possível descobrir a natureza búdica em uma sessão de prática. Esse método é às vezes chamado de "a primeira porta para o caminho tântrico", mas é mais conhecido como *abhisheka*.

Embora os métodos empregados por esses dois veículos para introduzir o aluno à natureza búdica sejam diferentes, é uma armadilha supor que um método seja melhor do que o outro ou que um é bom e o outro ruim. A principal diferença entre eles é que os ensinamentos do bodisatvayana colocam toda a ênfase na mente, enquanto o vajrayana também se preocupa com o corpo e a fala, e, por isso, os praticantes do vajrayana invocam a natureza búdica por meio da abhisheka. A manifestação "de corpo, fala e mente" que será usada terá um nome, talvez Tara, Manjushri ou Avalokiteshvara. Assim, é como se a própria abhisheka estivesse lhe mostrando que você tem natureza búdica.

Mais adiante, depois que sua devoção tiver gerado mérito suficiente, seu guru introduzirá você à sua natureza búdica, mas se você irá reconhecê-la ou não dependerá da conexão cármica entre você, como receptor da abhisheka, e o guru, como aquele que a concede. Portanto, idealmente, os que recebem a abhisheka devem ter uma confiança inabalável na pessoa que concede a iniciação, como também no caminho em si, mas não é fácil gerar esse tipo de devoção.

O QUE SIGNIFICA *ABHISHEKA*?

O sânscrito é uma língua muito rica. Cada palavra tem muitas nuances com diversos níveis de significado, sendo, portanto, congruente com várias interpretações. Abhisheka é um termo sânscrito e seus dois significados fundamentais foram traduzidos para o tibetano como *torwa* e *lugpa*. *Torwa* é comumente traduzida como "desmantelar" e se refere ao casulo da ignorância que nos envolve e que precisa ser desmantelado, e *lugpa* é traduzida como "derramar" — como em "derramar bênçãos" — e, mais indiretamente, como "descobrir nossa natureza búdica". Entretanto, conforme tentamos compreender todas as implicações da palavra, essas traduções podem ser enganosas — especialmente "derramar", que está tão intimamente ligada à noção de receber uma iniciação.

Em geral, a abhisheka é descrita como a transferência de poder que acontece durante uma cerimônia para conferir àqueles que a recebem a autorização para ouvir, estudar e praticar os ensinamentos do vajrayana — assim, "recebemos o poder" por meio da iniciação[17]. O problema é que "receber a iniciação" sugere que alguém nos dá um poder que não tínhamos antes, da mesma forma que a Rainha Elizabeth investe um súdito com o título de "cavaleiro do reino", o que está muito distante do verdadeiro espírito da iniciação tântrica.

Durante a iniciação somos apresentados a um aspecto de nós mesmos que, embora já exista em nós, ainda precisa ser reconhecido. A ativação desse reconhecimento é o que chamamos de "iniciação" ou "empoderamento". Esse é o verdadeiro significado de abhisheka.

Abhisheka: a teoria

Segundo a mais elevada iogatantra, existem quatro tipos principais de abhisheka (e muitos outros tipos, que podem ser subdivididos em vários outros). Cada abhisheka é projetada para desmantelar um dos quatro tipos de ignorância ou impureza.

1. a impureza do nadi, veias ou canais;
2. a impureza do prana, fala ou energia do vento;
3. a impureza da bindu, que é, mais ou menos, um obscurecimento da mente;
4. a impureza do resíduo das três impurezas anteriores combinadas (algo como "alaya"), às vezes descrita como a impureza da "base de tudo".

IMPLEMENTOS RITUAIS

Uma abhisheka quase sempre faz uso de objetos, implementos e substâncias rituais para simbolizar uma profunda transformação espiritual. O mestre que concede a "iniciação", primeiro toca a cabeça de cada iniciando com um vaso, depois derrama uma gota de água com açafrão (a substância da primeira iniciação) na mão do iniciando e diz "beba esta água com açafrão". Em seguida, ele dá ao iniciando uma colher do líquido da kapala, que está repleta de néctar ou *amrita* em sânscrito (a substância da segunda iniciação), que no tantra é concebida como a mistura das essências dos consortes pai e mãe. A substância ritual usada na terceira iniciação está relacionada com a consorte, que nos dias de hoje é uma imagem de alguma dakini. Por último, a substância usada pelos nyingmapas e kagyupas na quarta iniciação, ou iniciação da "palavra" (que nem sempre é necessária), é um cristal que simboliza a natureza da mente.

Cada seção da abhisheka pode ser executada de forma extremamente elaborada ou extremamente simples, e todos os tipos de substâncias, mantras, mudras e samádi podem ser utilizados.

A ÁGUA COMO SUBSTÂNCIA TÂNTRICA

Os ensinamentos budistas se originaram na Índia, onde, há milênios, é costume purificar o corpo com água. É um costume que pode ser facilmente traduzido para o mundo atual, porque nós também associamos o lavar com água a limpeza e purificação. Portanto, é relativamente fácil perceber que, quando estamos lavando, no mínimo não estamos acumulando mais sujeira.

A água do dia a dia é comumente usada como uma substância tântrica exótica por várias razões. A primeira e mais importante é que os hábitos humanos comuns são rotineiramente incorporados ao caminho vajrayana. Na verdade, todo o caminho vajrayana é composto por métodos hábeis que refletem nossos hábitos e rotinas diárias. Usar água para lavar uma camiseta é um hábito já bem estabelecido, não passa pela cabeça de ninguém usar a lama do jardim.

Entretanto, os ensinamentos do vajrayana também enfatizam que o que chamamos de "água" se manifesta em todos os tipos de formas. Não hesitamos em nos lavar com a água da torneira da pia, mas seria apavorante nos lavar com a água do vaso sanitário. É claro que, em lugares como Singapura, técnicas inovadoras estão sendo desenvolvidas para reciclar água usada em vasos sanitários juntamente com toda a outra água usada e, quando vemos aquela água jorrando do chuveiro, esquecemos sua história completamente, porque agora é uma água para lavar o corpo. Da mesma maneira, quando a água é colocada em uma tigela de oferenda, imediatamente se transforma em água de oferenda. Assim, embora o termo genérico para todos os líquidos incolores compostos por um átomo de oxigênio e dois de hidrogênio seja "água", a forma como ela é percebida muda quando associada a outros objetos e situações: a água gaseificada é água para beber, a água em uma banheira é água para uma pessoa se banhar, a água em uma velha tina de ferro no quintal é água para lavar o cachorro, a água que colocamos no radiador do carro passa a ser um sistema de resfriamento e a água em uma piscina é água para nadar. Isso pode ser levado ao extremo — por exemplo, no mundo das águas engarrafadas, há uma marca de água japonesa cuja garrafa de 200ml custa mais de cem dólares!

Uma vez que nós transformamos habitualmente a água de todas essas maneiras e a lógica que insiste que uma água é "pura" e outra é "comum" é a mesma lógica que usamos para diferenciar a água potável da água da privada, por que não usar a água como substância tântrica? É por isso que a água é usada como substância de oferenda durante a abhisheka e, às vezes, cada gota é considerada como a mandala da deidade principal. Álcool e torma também são usados, e todas essas oferendas são visualizadas como tendo funções diferentes.

A prática: autoiniciação

É óbvio que não precisamos preparar todas as substâncias rituais para nossa prática diária. Na verdade, receber a autoiniciação por meio de práticas de meditação e visualização é tão potente ou talvez mais potente que a iniciação recebida em rituais complicados.

Em geral, as quatro abhishekas são encontradas no fim da prática de guru ioga, e quanto mais você as recebe, melhor. Por isso, talvez você deva considerar a ideia de repetir a visualização e as recitações da abhisheka após completar cada mala de mantras.

Pode ser que você goste de receber todas as abhishekas uma atrás da outra no intervalo de uma sessão de prática ou concentrar-se em uma iniciação por um determinado tempo (um mês ou um ano, por exemplo), antes de passar para a próxima. Assim, no primeiro ano da prática de guru ioga você poderia visualizar uma luz branca emanando da testa do guru, no segundo ano, uma luz vermelha emanando da garganta, e assim por diante. Se resolver praticar dessa forma, não se esqueça de completar as demais abhishekas, que podem ser condensadas se você tiver pouco tempo.

1. A ABHISHEKA DO VASO

Visualize a letra *om* branca na testa do guru. Não se preocupe se for difícil ver uma imagem clara da letra. Apenas imagine uma luz branca brilhante, vívida e intensa emanando da testa do guru e se dissolvendo em sua própria testa, o que é semelhante à visualização na prática de Vajrasatva. A luz branca purifica suas impurezas, especialmente as dos nadis (canais sutis) e as dos cinco chacras (centros de energia), bem como as impurezas de todas as atividades negativas cometidas por seu corpo. Depois, pense que o corpo do guru e seu corpo se tornam inseparáveis, o que é apenas outra forma de dizer que seu corpo se transforma em um "corpo vajra indestrutível".

Você recebeu agora a abhisheka do vaso. A porta para a meditação do desenvolvimento (utpattikrama) foi aberta para você e, quando a luz branca preenche seu corpo, a semente do nirmanakaya é plantada em você.

2. A ABHISHEKA SECRETA

Visualize a letra *ah* vermelha na garganta do guru. Dela emanam raios de luz vermelha que se dissolvem em sua garganta, purificando as atividades impuras da fala e os obscurecimentos de seu prana (ar interno). À medida que a luz vermelha se dissolve em você, pense que sua fala se torna inseparável da fala do guru ("fala vajra").

Você recebeu agora a abhisheka secreta. A porta para a meditação da completude (sampannakrama) foi aberta, e a semente do sambhogakaya foi plantada em você.

3. A ABHISHEKA DA SABEDORIA

Visualize uma letra *hum* azul no centro do chacra do coração do guru. Dela emanam raios de luz azul resplandecentes que se dissolvem em seu chacra do coração, expelindo todas as impurezas da mente e purificando todos os obscurecimentos da bindu (energia). Sua mente é inseparável da mente do guru ("mente vajra").

Você recebeu agora a abhisheka da sabedoria. A porta para o trekchö (a primeira das duas práticas de meditação da completude sem forma) foi aberta, e a semente do dharmakaya foi plantada em sua mente.

4. A ABHISHEKA DA PALAVRA

Visualize outra letra *hum* azul no chacra do coração do guru. Dela flui luz azul que se dissolve em sua testa, garganta, coração e em todo seu corpo, dissipando todas as suas impurezas, o resíduo de suas impurezas e quaisquer padrões habituais remanescentes. Você recebe as bênçãos do corpo, da fala e da mente do guru e seu corpo, sua fala e sua mente são inseparáveis do corpo, da fala e da mente do guru ("sabedoria vajra").

Você recebeu agora a abhisheka da palavra, que destruiu o alaya e com ele todos os traços da "mente". A porta para a sabedoria que surge de si mesma foi aberta, e a semente do svabhavikakaya foi plantada em você.

Teoricamente, nessa última abhisheka destruímos a raiz de todas as impurezas e recebemos as bênçãos do corpo, da fala e da mente do guru, ao visualizar mais luz azul se irradiando da letra *hum* no chacra do coração do guru.

Se a prática de ngondro que você faz contém alguns detalhes levemente diferentes, não se preocupe, apenas siga o que está em seu texto.

Como você pode saber se recebeu ou não a abhisheka? Temos a tendência de imaginar que recebemos a abhisheka depois de termos participado de todo o ritual. Do ponto de vista simbólico, beber a água abençoada e assim por diante pode ser o suficiente, mas, na realidade, a abhisheka é muito mais que isso. Como disse Tsele Natsok Rangdröl, se você experiencia os fenômenos (o receptáculo externo e os conteúdos internos) como "comuns", você não recebeu a iniciação do vaso; se você não consegue perceber todos os sons como mantra, você não recebeu a abhisheka secreta; se você não experiencia todos os fatores mentais e pensamentos discursivos como sabedoria, você não recebeu a abhisheka da sabedoria; e, se você não percebe tudo como sendo o dharmakaya, você não recebeu a abhisheka da palavra.

Reconhecimento da natureza da mente

No fim da quarta abhisheka, tendo unido sua mente com a mente do guru, você tem a ótima oportunidade de praticar a técnica de descobrir a natureza da mente e de estabilizar esse reconhecimento, que é a única forma de atingir a iluminação em um curto período de tempo e, segundo Dilgo Khyentse Rinpoche, é o método mais rápido para reconhecer a natureza da mente. Olhe continuamente para a união entre clareza e vacuidade como ela sempre foi — nunca separada de você por um instante sequer —, e permaneça nesse reconhecimento sem distração. Nem um único ser senciente, ele disse, jamais se separou da natureza da mente pelo mais breve momento, mas, como não estamos cientes dela, perseguimos todos os tipos de delusões. Portanto, desperte a compaixão e faça a aspiração: "Possam todos os seres sencientes compreender a verdade absoluta de que a 'mente não fabricada da consciência-vacuidade' é o dharmakaya absoluto e nunca esteve separada de qualquer um de nós." Reze à natureza da mente, confie apenas nela e deseje reconhecê-la.

Dilgo Khyentse Rinpoche também disse que, se você rezar do fundo de seu coração à mãe afetuosa, Yeshe Tsogyal, não há dúvida de que ela o abraçará com sua compaixão e será inseparável de você nesta vida, na próxima e quando você passar pelos bardos. Portanto, quando receber ensinamentos e abhishekas, pense que os está recebendo da mãe, Yeshe Tsogyal.

Utpattikrama e sampannakrama

Embora este texto seja composto principalmente por sugestões sobre como praticar o ngondro, talvez algumas informações sobre o utpattikrama e o sampannakrama sejam úteis para você e sirvam de aperitivo para os alunos que se sentem inspirados por esse tipo de prática.

O vajrayana ensina dois tipos principais de prática de meditação: a meditação de criação ou desenvolvimento (utpattikrama); e a meditação de completude ou consumação (sampannakrama). Ambas as meditações refletem o fato de que todos os fenômenos têm um início e um fim, um surgimento e uma cessação, um nascimento e uma morte. Para purificar o início, aplicamos a utpattikrama e, para purificar o fim, aplicamos a sampannakrama. O propósito que subjaz esses dois estágios de meditação é imenso e de longo alcance. Embora isso possa ser uma generalização rudimentar, o propósito da meditação de criação é consumar a essência de toda aparência e existência, e o propósito da meditação de completude é consumar a essência da vacuidade, shunyata.

Normalmente, os termos *aparência* e *vacuidade* dão a impressão de que há duas entidades separadas, mas no budismo vajrayana elas não são separadas. A separação de "aparência" e "vacuidade" constitui a "ignorância fundamental", portanto, para uni-las, o vajrayana nos oferece as técnicas de meditação de criação e completude. Quando admiramos um arco-íris, estamos mais ou menos cientes de que, apesar de parecer bonito, ele é vazio de qualquer existência sólida. Por outro lado, quando olhamos para nossa própria carne e ossos, falta-nos capacidade para compreender que o que vemos é simplesmente a união de aparência e vacuidade, tal como o arco-íris.

A meditação de criação envolve vários métodos tântricos, incluindo a visualização de si mesmo como uma deidade, um lótus, um assento de discos de sol e lua e a emanação e reconvergência dos raios de luz a partir do coração da deidade. O estágio da completude inclui dois tipos de meditação: "meditação de completude da forma" e "meditação de completude sem forma". A meditação de completude da forma inclui muitas práticas de anuyoga, tais como meditar sobre os chacras e canais e controlar o prana, conscientemente trazendo-o para centro do avadhuti (canal central), bem como as práticas de ioga do sonho, dos bardos e de kundalini. Todas essas práticas estão incluídas na meditação de completude da forma e, em seguida, vem a meditação de completude sem forma, que é a prática de vipashyana mais elevada.

Je Könchok Lhundrup disse que na prática da meditação de criação os praticantes podem usar todos os objetos mundanos como seu caminho, e na prática da meditação de completude podem transformar todas as emoções e usá-las como caminho.

Oferenda de tsog

Embora a oferenda de tsog não faça parte do ngondro, hoje em dia muitos grupos vajrayana adotaram essa prática como um tipo de festim mensal. O tsog todavia é muito mais do que uma boa desculpa para se fazer uma festa.

Fazer uma oferenda de tsog "correta" não é algo fácil, por várias razões. Reunir a assembleia adequada já é bastante difícil, mas, quando se trata de encontrar as substâncias de oferenda apropriadas, as coisas ficam realmente problemáticas.

Na Índia, a casta mais elevada e de maior prestígio é a dos brâmanes. Na época do Buda, como as ideias brâmanes dominavam a sociedade indiana, qualquer tipo de carne era considerado como a pior, mais suja e menos desejável de todas as substâncias. Ainda hoje, um membro de uma família brâmane estrita não convidaria de boa vontade ocidentais que comem carne e usam artigos de couro para almoçar na casa deles, pois, para eles, pessoas como eu e você são só um pouco melhores do que animais. Contudo, os métodos oferecidos nos ensinamentos mais elevados do Buda visam ir contra os tabus e preconceitos habituais dos brâmanes, e é por isso que todas as substâncias que são tabu para os brâmanes fazem parte dos festins de tsog.

Hoje em dia, muitos alunos do Darma oferecem garrafas de champanhe e os melhores filés nos tsogs; tais oferendas, porém, devem ser feitas com cuidado. Para quem vive fora da cultura brâmane, a carne e o álcool são componentes bastante comuns à maioria das refeições e não são de forma alguma abominados. Portanto, o sentido de usar substâncias que a sociedade contemporânea considera inaceitáveis e indesejáveis se perde inteiramente. O ideal seria oferecermos pratos de excrementos, porque as bactérias e fezes são classificadas pelas mentes científicas modernas, quase que universalmente, como "sujas", ou perigosas por princípio. Do ponto de vista técnico, o tsog é oferecido para que os praticantes não tenham preferências pelo que comem — um prato de fezes e uma fatia deliciosa de cheesecake devem ser antecipados com o mesmo exato apetite.

Outro problema dos praticantes modernos do vajrayana é que, com frequência, nossos tsogs se transformam em festas barulhentas e sem limites. A falta de disciplina exibida por professores e alunos só mancha ainda mais a reputação de uma tradição que já parece bastante suspeita, além de violar a maioria dos samayas do tsog.

Muitos alunos são aconselhados a oferecer os melhores e mais caros alimentos e bebidas como uma maneira de ajudá-los a não se fixar em dinheiro. Isso funciona, mas ao mesmo tempo não devemos ignorar a não dualidade. Como as fezes e um filé são essencialmente a mesma coisa para um praticante vajrayana, a oferenda de tsog não deveria incluir apenas as comidas mais puras e requintadas. Tendo dito isso, entretanto, eu nunca o aconselharia a oferecer fezes em um tsog, porque a repugnância que a maioria de nós sentiria ao sentir o cheiro delas resultaria em uma grande quebra de samaya.

O método elaborado de prática de tsog pode ser complicado demais para quem está iniciando o ngondro, portanto existe para você um método muito fácil. Simplesmente recite uma das muitas preces de tsog que lhe agrade, por exemplo, a *Chuva de bênçãos* de Mipham Rinpoche, durante uma refeição comum. Ou apenas reúna alguns biscoitos e frutas para fazer as oferendas e recite uma prece de tsog.

14
Conselhos para a prática

Fazer das emoções o caminho

No *Sutra Vimalakirti*, Manjushri diz que um lótus não pode crescer em um ambiente seco e só desabrochará quando estiver enraizado na lama molhada; da mesma forma, annuttara-samyak-sambodhi só pode crescer naqueles cujo ego e emoções são tão vastos quanto o Monte Meru.

As emoções são usadas em todos os estágios do caminho espiritual. Se você é inclinado a ter grandes paixões, por exemplo, pode tentar seguir o caminho que evita deliberadamente agir sobre elas. Ou você pode tentar permitir que as paixões conduzam suas ações, mas sem se deixar atrelar pelos obscurecimentos que as acompanham. Como o Buda disse: as emoções são a raça do Tathagata.

Nunca se sinta desencorajado ou oprimido pela intensidade das emoções que você experiencia, nem se torture pensando na dificuldade ou até na impossibilidade de superar todas as emoções para poder, um dia, reconhecer a natureza da mente. Como disse Khenpo Ngaga, todas as impurezas são temporárias. Ele estava certo. Nossas impurezas são temporárias e, portanto, relativamente fáceis de serem abandonadas e purificadas. Sem praticar, porém, não as notamos porque elas nos são muito familiares, e é exatamente por isso que as impurezas não se extinguirão por si mesmas — não podemos esquecer isso. Entretanto, as emoções são sem dúvida temporárias, e até a aplicação de uma pequena dose de prática de meditação as dissolverá com facilidade.

Os alunos vajrayana podem ser um pouco chauvinistas. Eles repetem a expressão "faça da emoção o caminho" como papagaios, a cada oportunidade, porque eles acham que esse método é exclusivo do vajrayana. Mas estão enganados. Segundo Jamgön Kongtrul Lodrö Taye, todos os três veículos incluem ensinamentos de como fazer das emoções o caminho.

OS TRÊS YANAS: ABANDONAR, TRANSFORMAR E CONHECER

Jamgön Kongtrul Lodrö Taye ensinou os três yanas baseado nas três atividades de "abandonar, transformar e conhecer". Além de oferecerem conselhos práticos sobre como praticar o Darma, seus ensinamentos definem claramente o shravakayana, o bodisatvayana e o vajrayana e apresentam as três formas principais de lidar com as "paixões".

1. O método shravakayana abandona completamente a paixão, suprimindo-a, desmantelando-a e desencorajando-a.
2. O método bodisatvayana transforma a paixão, de modo que você não tenha que necessariamente abandoná-la, porém não é permitido manifestá-la indiscriminadamente, de forma selvagem, descontrolada e prejudicial.
3. O método vajrayana consiste em conhecer a essência de toda paixão. Esse conhecimento é aperfeiçoado fazendo-se absolutamente nada, no sentido de não se sujeitar à emoção. Ao mesmo tempo, não sentimos nenhuma animosidade pela paixão e com certeza não tentamos abandoná-la ou corrigi-la, transformando-a. O simples fato de estar ciente disso garantirá que você não entre no jogo da paixão.

O método do mantrayana secreto é não fabricar e, no estado de não fabricação, simplesmente reconhecer.

O shravakayana: abandonar

Sempre que surgir uma emoção, tente desencorajá-la e abandoná-la. Lembre-se da futilidade da vida samsárica e analise a dor e o sofrimento que se entregar às emoções traz. Quando você se encoraja a sentir repulsa por suas emoções, começa a perceber que ceder a elas não lhe traz nenhum prazer real e, assim, você se aproxima um pouco mais de desenvolver um sentido de "mente de renúncia".

Na prática, no momento em que a paixão surge, ela causa sofrimento e, embora alguns de seus aspectos pareçam ser bastante agradáveis, mais cedo ou mais tarde *todas as emoções causam dor.* Pode parecer que o desejo traz o êxtase ou pelo menos satisfação, mas ele também gera a esperança de ter outras experiências semelhantes e o medo de que elas não aconteçam de novo, tornando o sofrimento inescapável.

Os praticantes do shravakayana tentam abandonar a emoção aplicando métodos como a meditação sobre a feiura, também conhecida como "meditação sobre a impermanência". Imagine-se olhando para uma pessoa de uma beleza estonteante, que desperta seu desejo. Conforme sua paixão se intensifica, analise o objeto de seu desejo e divida todas as partes do corpo dessa pessoa. Remova a pele a fim de revelar o sangue, o pus e o muco que ela contém e abra seu intestino para examinar as fezes. Você logo vai entender que nenhum ser continua sendo belo sob esse tipo de escrutínio e, de repente, o objeto de seu desejo não mais exercerá atração ou fascinação sobre você, pois não há nada nele que seja cobiçável ou precioso.

As meditações budistas sobre a impermanência e a feiura não devem ser confundidas com algum tipo de indiferença ou desprezo moral em relação ao corpo humano ou à mulher. Elas foram concebidas para extinguir nosso desejo, desmontando um belo todo em suas partes componentes menos belas e muito específicas (sangue, pus etc.). São práticas livres de risco simplesmente porque exigem que lidemos apenas com a verdade nua e crua sobre os objetos que desejamos — mas geralmente achamos essa verdade difícil de engolir.

Frequentemente, é mais apropriado praticarmos essa atitude do shravakayana do que a do vajrayana secreto, que é repleta de riscos e ciladas. Os ensinamentos do shravakayana não apenas são simples, diretos e honestos, mas também lidam com verdades cotidianas imutáveis, como por exemplo a de que todos os fenômenos são impermanentes e todas as emoções são dolorosas.

O bodisatvayana: transformar

Além de aplicar os métodos do shravakayana, o bodisatvayana enfatiza maneiras de transformar as emoções. Como? Por exemplo, tendo a aspiração de absorver a inveja de todos os seres sencientes, para que eles se livrem dela para sempre. Com esse método, todas as emoções podem ser transformadas.

Sendo budista, você aprendeu que em geral a agressão é considerada uma emoção negativa. Portanto, sua reação imediata a qualquer tendência ou pensamento agressivo que surgir em sua mente será de rejeitá-lo. E você o rejeita porque está apaixonado por seu "eu", o que o torna um egoísta. Sendo egoísta, você não quer que sentimentos agressivos ou inveja, ou qualquer emoção negativa, estrague as chances de ser reconhecido como um "bom" budista.

Contudo, de acordo com a visão mais grandiosa oferecida pelo bodisatvayana, rejeitar a própria agressão é uma fraqueza. Rejeitar o ruim e só aceitar o bom demonstra que você ainda está maculado pelo apego ao eu, que chamamos de "ego". Em vez disso, ao perceber suas emoções agressivas, o praticante do bodisatvayana deve pensar: "A agressão é algo muito ruim! Mas eu não sou o único que sofre devido à agressão, *todos* os seres sencientes também sofrem com ela! Portanto, possa eu tomar para mim a agressão, a inveja e o orgulho de todos os seres sencientes."

Do ponto de vista relativo, o que acontece quando você toma para si o sofrimento dos outros dessa forma? Fundamentalmente, você está indo contra os desejos de seu ego. Se seu ego quer ser o mais sublime e santo de todos os seres, para poder se gabar de não ter desejo ou inveja, essa é exatamente prática de que você precisa para se opor e resistir a ele. A aplicação constante desse método faz com que o ego vá diminuindo até não ter mais onde se alojar. Quando isso acontecer, o que será de suas emoções? A essa altura, elas estarão tão vivas quanto um espantalho ou uma miragem. Você consegue imaginar como seria não ter mais um "você" ou um "eu"? Onde estaria toda a sua agressão e paixão? E o que você faria com elas?

O bodisatva também sabe que todas as emoções são fenômenos compostos e, portanto, um dia se extinguirão. Em última análise, como a emoção não é uma entidade que existe de fato ou permanentemente, ela também é vazia de características. Se as emoções não fossem inerentemente vazias, a transformação não seria possível, porque elas seriam "reais". Armados com esse conhecimento, os bodisatvas têm a habilidade de transformar suas próprias emoções.

O vajrayana: conhecer

O vajrayana nos diz que sempre que surgir uma emoção, como o desejo, devemos apenas observar e não fazer nada — "não fabrique". Porém, essa é uma instrução que pode ser facilmente mal interpretada. Quando as emoções surgem, "não fabrique" significa apenas parar de fazer qualquer coisa. Isso não significa que se você estiver caminhando na rua, deve parar, achar um banco, sentar de pernas cruzadas e tentar "observar" a emoção. A questão aqui é que, ao perceber a emoção, a maioria de nós tende não a "observá-la", mas a segui-la. Sentimos desejo, portanto seguimos nossos desejos. Sentimos raiva, portanto seguimos nossa raiva ou, na melhor das hipóteses, meramente a suprimimos.

Portanto, como devemos lidar com as emoções? Não fabricando absolutamente nada — apenas observe. No momento em que você olhar para a emoção, ela desaparecerá. Os principiantes irão achar que as emoções tendem a reaparecer bem rapidamente, mas isso não tem importância. O que importa aqui é que as emoções desapareçam no exato momento em que você começa a observá-las. Mesmo que elas desapareçam por apenas uma fração de segundo, o fato de a emoção ter desaparecido também significa que a sabedoria despontou por um instante. O "conhecer" se refere ao reconhecimento dessa consciência nua.

"Conhecer" a emoção é compreender que não há e nunca houve uma emoção, porque ela não tem raízes. Algumas pessoas falam de emoção, em especial as negativas, como se fossem algum tipo de força demoníaca e abominável que invade nosso ser deliberadamente, mas não é isso.

Quando estiver com raiva, apenas observe sua raiva. Não a causa ou o resultado da raiva, apenas a emoção da raiva. Conforme você olha fixamente para sua raiva, descobrirá que não há nada para o que você possa apontar e dizer: isto é a minha raiva. A compreensão de que não há absolutamente nada lá é o que é chamado de "despontar da sabedoria".

Aplique simultaneamente abandonar, transformar e conhecer

Você pode praticar todos os três métodos ao mesmo tempo. Por exemplo, se você de repente se sentir muito agressivo quando está caminhando pela rua, aplique abandonar, transformar e conhecer simultaneamente.

1. Lembre-se de que a agressão apenas levará a mais sofrimento. Por que então ficar com raiva? O que quer que tenha desencadeado sua raiva é exclusivamente um produto de sua própria percepção, e perceber, em um instante, a futilidade das emoções, é um sinal de que você está praticando o *shravakayana*.
2. Aspire tomar para si a raiva de todos os seres sencientes, para que eles possam se livrar da raiva. Assim, você está praticando o *bodisatvayana*.
3. Simplesmente observe sua emoção sem qualquer fabricação ou julgamento. Essa prática é associada ao *vajrayana*.

Conselhos finais

MANEIRAS ALTERNATIVAS DE PRATICAR

Se o ngondro é sua prática diária e você está tentando acumular o número tradicional de repetições para cada elemento da prática, siga a ordem em que eles aparecem em seu texto, mas dedique a maior parte do tempo à prática específica que você quer acumular. Se estiver acumulando prostrações, use grande parte do tempo tomando refúgio, depois recite as demais práticas: despertar a boditchita, purificação de Vajrasatva, oferenda de mandala e guru ioga. Quando terminar as 100 mil prostrações, continue a iniciar a prática diária com o refúgio, mas destine a maior parte da sessão a despertar a boditchita e complete sua prática recitando a purificação de Vajrasatva, a oferenda de mandala e a guru ioga. Continue se empenhando em cada elemento do ngondro dessa forma, até completar as acumulações.

Geralmente, é esperado que os praticantes acumulem pelo menos 100 mil repetições de cada prática e, com frequência, mais de um milhão de mantras de guru ioga, e que eles obedeçam a ordem das práticas do texto de ngondro. É possível também que o guru instrua você a fazer cada prática por um determinado período, por exemplo, por quatro meses ou cem horas.

Se realmente desejar, você pode optar por seguir uma ordem diferente. Por exemplo, se tiver bastante tempo livre, você pode escolher acumular as prostrações de manhã e oferecer mandalas à noite. Mais tarde, quando você sentir menos vontade de estar ativo fisicamente, pode ser que prefira sentar e acumular o mantra de cem sílabas de Vajrasatva. O que quer que você faça, seu objetivo deve ser sempre acumular pelo menos 100 mil repetições de cada prática. Isso é conhecido como "terminar o ngondro".

Sempre comece tomando refúgio e despertando a boditchita e termine dedicando sua prática à felicidade última e iluminação de todos os seres sencientes.

Se fizer um retiro de ngondro, pratique da mesma forma, mas divida seu dia em três ou quatro sessões e complete todo o ngondro em todas as sessões.

RETIRO

Um retiro pode ter qualquer duração, desde um fim de semana a uma vida inteira, e suas circunstâncias irão determinar inteiramente se ele será mais ou menos estrito.

Para um retiro de ngondro não é preciso fazer mandalas elaboradas, e os únicos objetos e substâncias rituais necessários já foram descritos.

Se você fizer um retiro longo (de um a três anos), é uma boa ideia estabelecer uma programação mais branda. Se o retiro for bem curto (alguns dias ou uma semana), intensifique sua programação, pois quando você tem pouco tempo é melhor aproveitar ao máximo cada momento.

A rigidez com que você estabelece suas fronteiras também depende inteiramente de suas necessidades e circunstâncias pessoais. Se seu retiro durar mais do que um mês, sempre inclua em sua fronteira um médico, um eletricista, um encanador, um dentista e qualquer outra pessoa para quem você precise ligar numa emergência.

Tanto o fechamento quanto a abertura das fronteiras de um retiro não exigem muitas cerimônias. Já observei que as pessoas que fazem um grande alvoroço em torno desse ritual raramente conseguem manter suas fronteiras. O estabelecimento da fronteira que cerca seu espaço de prática serve para lembrá-lo que o objetivo do retiro é se afastar da distração, e somente você tem o poder de realizar esse tipo de afastamento — ninguém mais pode ou deve impor isso a você.

Um retiro muito estrito deve ter sessões longas, intervalos muito curtos e absolutamente nenhuma comunicação externa, seja pessoalmente ou no ciberespaço, por e-mail, envio de mensagens de texto ou qualquer outra coisa. E definitivamente você não deve procurar notícias no rádio ou na televisão.

Se você decidir fazer um retiro curto e estrito, a primeira sessão pode começar às 3 horas da manhã. Tome café da manhã em torno das 7 horas e, em seguida, faça sua segunda sessão. O almoço pode ser por volta do meio-dia e, em seguida, faça sua terceira sessão. Sua quarta sessão deve acontecer depois do jantar. Quando precisamente você janta é com você. A duração de cada intervalo também é com você e dependerá de sua força de vontade e diligência.

Durante um retiro longo, é uma boa ideia pedir ajuda a alguém que não esteja em retiro — por exemplo, para lhe trazer comida, comprar remédios, fazer as compras inevitáveis etc.

Se quiser ser exigente e incluir mais da parafernália de retiro, por favor, consulte um mestre, alguém que já fez um retiro ou um manual de retiros.

O importante é manter todos os compromissos assumidos no primeiro dia ao longo de todo o retiro. Um ótimo conselho é nunca assumir muitos compromissos logo no início e depois tentar quebrar as regras à medida que o retiro avança. É muito melhor fazer promessas mais flexíveis, que você é capaz de manter, e se disciplinar dia a dia. Ao conduzir o retiro desse modo, você não será maculado pelo carma de ter quebrado os votos e acumulará o mérito de ter feito ainda mais do que havia prometido no início.

IOGA DO SONO E IOGA DO DESPERTAR

Aqueles que desejam transformar a atividade mundana de dormir em algo proveitoso, podem tentar praticar a ioga do sono. Quando deitar na cama, visualize e concentre sua mente em Guru Rinpoche em seu chacra do coração. Isso é tudo o que necessário por enquanto.

De manhã, Guru Rinpoche ascende por seu canal central e senta-se na coroa de sua cabeça. Você pode recitar a seguinte oração do ngondro do Longchen Nyingtik para invocar o guru ou, se preferir, escolha uma oração de outra fonte.

> A partir do lótus em flor da devoção, no centro de meu coração,
> Apareça, ó lama compassivo, meu único refúgio!
> Estou atormentado por ações do passado e emoções turbulentas.
> A fim de proteger-me de minha infelicidade,
> Suplico que permaneça como a joia que adorna o alto de minha cabeça, a mandala do grande êxtase,
> Que desperta a plenitude de minha atenção e consciência![18]

A ideia de que o guru permanece no coração enquanto você dorme é um ensinamento simbólico para mostrar a você que o guru externo é sua natureza búdica. É claro que, porque você é um ser dualista, quando acordar na manhã seguinte, você continuará pensando que o guru está fora de você, e o vajrayana permite que assim o faça, sugerindo que leve o guru do coração para a coroa de sua cabeça.

Muitas pessoas acham que é mais fácil praticar quando seguem uma programação preestabelecida. Também gostam de ser chamados para a prática com um sino. Para alguns, ter horários funciona bem e, embora a prática em grupo seja importante, lembre-se de que ela tem como objetivo inspirar a prática individual.

A prática individual é vital e, se você encontrar tempo, deve tentar fazer um retiro de ngondro formal e praticar em três ou quatro sessões por dia. A acumulação do ngondro também pode ser sua prática diária e, se não quiser fazer as 100 mil prostrações de uma vez antes de começar a acumular a prática de Vajrasatva e as demais, comece fazendo 20 mil prostrações e depois 20 mil mantras de Vajrasatva, antes de voltar às prostrações. Outra opção é acumular as quatro práticas fundamentais ao mesmo tempo. Seja qual for sua decisão, sugiro que você se concentre mais intensamente na dissolução de todas as práticas e, depois de unir sua mente à mente do guru, permaneça nesse estado de indivisibilidade o maior tempo possível.

SINAIS DE PROGRESSO

Quais são os sinais de progresso na prática? O que podemos esperar? Devemos esperar um sinal do guru ou um prêmio? De acordo com Karma Chagme Rinpoche, não teremos experiências, sonhos especiais ou visões puras. O "rei de todos os sinais", também conhecido como "o sinal sem sinal", que era de grande valor para os mestres kagyupas do passado, é o resplandecer da mente da renúncia, da tristeza e da devoção em sua mente. Os sinais que devem ser os mais apreciados incluem um apetite crescente pela prática do Darma, a percepção da futilidade de tudo o que você faz, a intensificação de conflitos como resultado de hábitos antigos e, apesar de ainda sentir vontade de se divertir com os amigos, ser atormentado por uma sensação desagradável de que isso é uma total perda de tempo.

Portanto, não vise constantemente terminar a prática. Em vez disso, tente se convencer de que sua viagem espiritual nunca acabará. Você começou a jornada desejando conduzir, pessoalmente, todos os seres à iluminação, portanto, até que seu desejo seja cumprido, suas atividades como bodisatva não terão fim.

Agradecimentos

A quem interessar possa, a ideia de redigir estas asneiras surgiu pela primeira vez no topo de uma montanha em Machu Picchu, e as últimas palavras foram escritas em minha casa, em Bir, na Índia.

Este texto é baseado em ensinamentos que eu dei em Silz, Alemanha, em 2001. Tanto alarido foi feito sobre as transcrições desses ensinamentos (os alunos fizeram cópias e as distribuíram por todo o lado), que uma versão editada por Chanel Grubner foi posteriormente publicada pela Fundação Khyentse e disponibilizada para download gratuito.

Entretanto, sempre que escuto os ensinamentos que dei ou leio as transcrições, raramente consigo entender uma só palavra do que eu disse. Pior ainda, às vezes acho que inconscientemente confundo minha audiência com informações equivocadas. Assim, de muitas maneiras, foi meu medo das repercussões cármicas de todos os erros que cometi em Silz que me forçaram a reorganizar e corrigir aqueles ensinamentos sobre o ngondro do Longchen Nyingtik, e o resultado é *Não é para a felicidade*.

Mesmo se o mais ínfimo benefício puder ser extraído destas páginas, ele deve ser creditado principalmente e em primeiro lugar a todos os meus formidáveis gurus — embora eu ainda esteja atônito com a noção de que tais corporificações gloriosas de sabedoria e compaixão tenham algum dia caminhado neste planeta.

Se este manuscrito é legível ou compreensível, isso se deve aos esforços de uma inglesa que nesta vida se chama Janine Schulz. Muitas outras pessoas foram escravizadas sob a canga de minha inabilidade habitual de ser confiável, das minhas frases inacabadas e de minha tendência a ser impaciente. Outros mais sacrificaram seu tempo para fazer críticas construtivas ao manuscrito e oferecer informações. Nessa categoria estão incluídos Jing Rui, Dolma Gunther, Elise de Grande, Florence Koh, Noa Jones, Catherine Fordham, Alix Sharkey, Helena Wang, Nima Yangchen, Pema Abrahams, Alex Trisoglio, Sin Ming Shaw, Steve Cline, Kelly Roberts, Jacob Leschly, Adam Pearcey, Ann Benson, Larry Mermelstein, Carolyn Gimian e Ani Jinpa.

Vivendo, como vivemos, em um mundo moldado apenas por causas e condições, foi impossível evitar gastos enquanto este livro estava sendo escrito. Meus sinceros agradecimentos a Rati Ltd. por generosamente cobrir todas as minhas despesas.

Mesmo sendo improvável que aqueles que conseguiram arar talvez umas poucas páginas deste texto colham qualquer benefício das palavras que leram, possa você ao menos ficar, de uma forma ou outra, irrevogavelmente fissurado pelo Darma.

Dzongsar Khyentse se comprometeu a doar toda a renda gerada por *Não é para a felicidade* para a Fundação Khyentse, uma organização sem fins lucrativos fundada em 2001 a fim de edificar um sistema efetivo de patronagem para dar suporte a todas as tradições de estudo e prática budista. A fundação imprime um pensamento visionário à preservação e expansão da educação e prática budista de todas as linhagens.

A partir de 2012 a fundação passou a apoiar o estudo e a prática do budismo em 30 países. Nos últimos dez anos a fundação ofereceu mais de seis milhões de dólares em bolsas de estudo e impactou diretamente a vida de cerca de dez mil pessoas. A esperança de Rinpoche é que os ensinamentos do Buda sejam propagados por meio dos esforços dos agraciados com as bolsas.

Projetos financiados pela fundação incluem uma cátedra de estudos budistas na Universidade da Califórnia, em Berkley, a digitalização de toda a tradição escrita do budismo tibetano, dotações para faculdades monásticas tradicionais na Ásia, um programa mundial de bolsas de estudo e muitas outras iniciativas inovadoras.

Outros projetos recentes incluem um levantamento acadêmico de sistemas mais elevados de educação budista em todo o mundo e a incubação do projeto 84000: Traduzindo as palavras do Buda, um esforço de cem anos para traduzir os vastos ensinamentos do Buda para línguas modernas.

Para maiores informações sobre a Fundação Khyentse e as atividades de Dzongsar Khyentse, visite http://khyentsefoundation.org/pt-br/

Notas

1 Padmakara Translation Group (trad.), Letter to a Friend (Ithaca, NY: Snow Lion Publications, 2005), estrofes 103 e 101. Para uma tradução desse livro para o português ver Nagarjuna, *Carta a um amigo* (São Paulo: Editora Palas Athena, 2002).
2 Ken and Katia Holmes (trad.). *The Changeless Nature: The Ultimate Mahayana Treatise on the Changeless Continuity of the TrueNature*, 2nd ed. (Eskdalemuir, Scotland: Karma Drubgyud Darjay Ling, 1985), estrofes 381 e 382.
3 www.rigpawiki.org/index.php?title=Diamond_Cutter_Sutra (acessado em 09/10/20)
4 Adaptado de Shantideva, *O caminho do bodisatva*, Editora Makara, 2013. cap.5, estrofes 68 a 70.
5 NdT. "Ghostbusters" no original em referência aos filmes da franquia Ghostbusters ("Os Caça-Fantasmas" em português).
6 www.rigpawiki.org/index.php?title=Diamond_Cutter_Sutra
7 *A consumação da sabedoria* (Sânsc. *Jnana Siddhi*, ou *jnana-siddhirna-masadhanam*; Tib. *ye shes grub pa zhes bya ba'i sgrub pa'i thabs*), t2219 do Tengyur tibetano.
8 Quando Capitão Cook chegou aos mares da Austrália, seu navio não chamou a atenção dos aborígenes nativos. De acordo com o historiador Robert Hughes, em seu livro *The Fatal Shore* (New York: Vintage Books, 1986), "Era o maior artefato jamais visto na costa oriental da Austrália, um objeto tão grande, complexo e estranho que desafiou a compreensão dos nativos."
9 Adaptado de Shantideva, *O caminho do bodisatva*, Editora Makara, 2013. cap.1, estrofe 23.
10 Adaptado de Shantideva, *O caminho do bodisatva*, Editora Makara, 2013. cap.3, estrofes 18 e 19.
11 Lopsang Jamspal, Robert Thurman, and the AIBS team (trad.). *Universal Vehicle Discourse Literature (Mahayanasutralamkara)* (New York: American Institute of Buddhist Studies, 2004).
12 Adaptado de Shantideva, *O caminho do bodisatva*, Editora Makara, 2013. cap.8, estrofes 130 e 131.
13 *O caminho do bodisatva*, Editora Makara, 2013. cap.6, estrofe 68.
14 *O caminho do bodisatva*, Editora Makara, 2013. cap.5, estrofes 68 e 69.
15 *Guirlanda de Renascimentos* (Sânsc. *Jatakamala*; tib. *skye pa'i rabs gyi phreng ba*, t 4150), Aryasura, http://rywiki.tsadra.org/index.php/ skye_pa%27i_rabs_gyi_phreng_ba.
16 Comitê de Tradução Nalanda, tradução adaptada de *Intensifying Devotion in One's Heart: The Supplication Crying to the Gurus from Afar*, de Jamgön Kongtrül Lodrö Thaye, http://nalandatranslation.org/media/Intensifying-Devotion.pdf.
17 NdT: No original, "we therefore 'receive an empowerment'".
18 Adaptado de Sogyal Rinpoche, *O livro tibetano do viver e do morrer*, Editora Palas Athena, 13ª ed., 2014

Mandala de Atividades de Dzongsar Jamyang Khyentse Rinpoche

SIDDHARTHA'S INTENT: Sua atuação é dar suporte às atividades do Darma de Buda de Dzongsar Khyentse Rinpoche ao redor do mundo, organizando ensinamentos e retiros, transcrevendo, distribuindo e arquivando ensinamentos gravados, bem como traduzindo manuscritos e textos de prática. E, desta forma, estabelecendo uma comunidade comprometida com o estudo e a prática contínuos. No Brasil, as atividades do Siddhartha's Intent Brasil podem ser acompanhadas pelo site http://brasil.siddharthasintent.org/

KHYENTSE FOUNDATION: É uma organização sem fins lucrativos fundada em 2001 que promove os ensinamentos de sabedoria e compaixão do Buda para o benefício de todos os seres. A Fundação realiza sua missão criando um sistema de patronagem que suporta todas as tradições de estudo e prática budistas.
Site em português: https://ptbr.khyentsefoundation.org/
Site em inglês: https://khyentsefoundation.org/

84000 – TRANSLATING THE WORDS OF THE BUDDHA: É uma iniciativa global sem fins lucrativos que almeja traduzir todos os ensinamentos do Buda para línguas modernas, e torná-los disponíveis a todos, de forma gratuita. www.84000.co

LOTUS OUTREACH: É uma organização laica sem fins lucrativos dedicada a garantir a educação, saúde e segurança de mulheres e crianças em situação de vulnerabilidade em países em desenvolvimento. www.lotusoutreach.org

Dzongsar Khyentse Rinpoche também suporta vários **monastérios e instituições de estudos budistas na Índia, Tibet e Butão:** http://www.khyentse.org/monastic.html

eureciclo
.com.br

O selo eureciclo faz a compensação ambiental das embalagens usadas pela Editora Lúcida Letra.

Que muitos seres sejam beneficiados.

Para mais informações sobre lançamentos da Lúcida Letra, cadastre-se em
www.lucidaletra.com.br

Este livro foi impresso em agosto de 2021,
na gráfica da Editora Vozes, utilizando
as fontes Sabon e Vista Sans.